Iris Nocker

Ganz schön selbstbewusst!

AF666810

Allitera Verlag

herausgegeben von der

MAGDA
BITTNER
SIMMET
stiftung

Iris Nocker

GANZ SCHÖN SELBSTBEWUSST!

Magda Bittner-Simmet in der Münchner Kunstszene nach 1945

Allitera Verlag

Weitere Informationen über den Verlag und sein Programm unter:
www.allitera.de

Mit freundlicher Unterstützung von:

HYPO-KULTURSTIFTUNG

Bezirksausschuss 12 Schwabing

Landeshauptstadt München

Oktober 2016
Allitera Verlag
Ein Verlag der Buch&media GmbH, München
© 2016 Buch&media GmbH, München
Umschlaggestaltung & Herstellung: Johanna Conrad, Augsburg
Umschlagfoto: Magda Bittner-Simmet im Schwabinger Atelier, 1973
© Christa Feiler
Printed in Germany
ISBN: 978-3-86906-889-3

INHALT

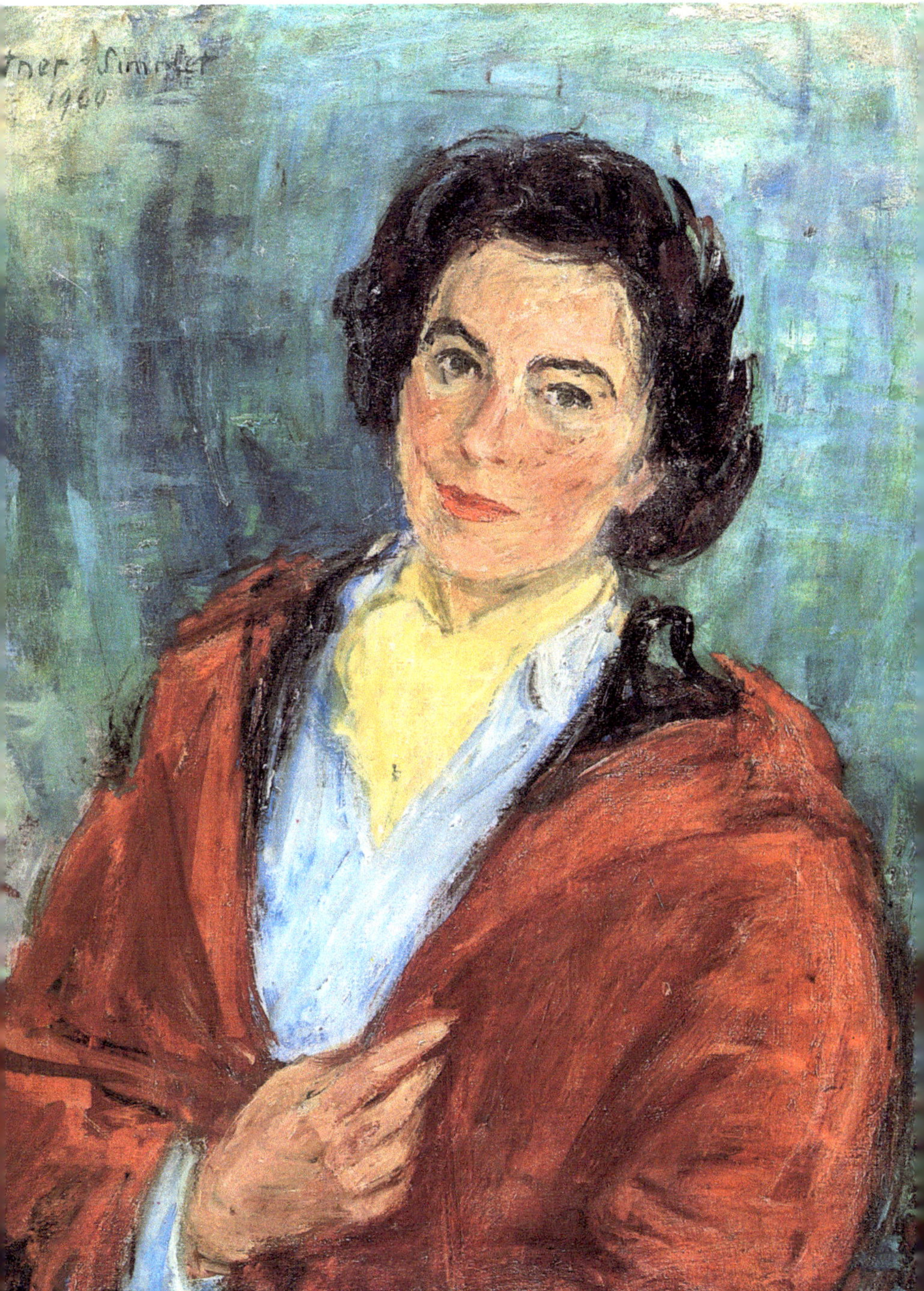

Ganz schön selbstbewusst!

»Meine Malerkollegen [...] *urteilen erschrocken:*
Du bist zu laut in der Farbe!
Aber ich bin weder vor-laut, noch brutal.
Vielleicht ein bißchen frech.
Selbstbewußt.
Ich male angstfrei.«[1]

Mit dieser Kurzcharakteristik beschreibt sich Magda Bittner-Simmet selbst nach ihrem langjährigen Wirken als Münchner Malerin. Doch wer war eigentlich diese Magda Bittner-Simmet, die in ihrem Testament – ganz schön selbstbewusst – die Errichtung einer nach ihr zu benennenden Stiftung verfügte? Seit Beginn der Stiftungstätigkeit 2009 sehen wir uns mit dieser Frage konfrontiert. War Magda Bittner-Simmet einfach eine »akademische Kunstmalerin«, wie sie es auf ihren Visitenkarten drucken ließ? Oder kann sie rückblickend gar gesehen werden als eine »Künstlerfürstin am Schwabinger Bach«?

Gespräche mit Zeitzeugen zeichnen ein facettenreiches Bild ihrer Persönlichkeit. So beschreibt sie der damalige Kultusminister Hans Zehetmair, der ihr als Landrat von Erding mehrfach begegnet war und ihr 1989 als stellvertretender Ministerpräsident das Bundesverdienstkreuz verliehen hatte, als »durch und durch bayrische Lady, [...] überaus selbstbewusst, aber immer charmant.«[2]

Beim Erfassen und Erschließen des vielfältigen Nachlasses unserer Stifterin begeben wir uns auf Spurensuche: Die zahlreichen Fotografien in ihrem privaten Nachlass zeigen das Bild einer jungen Witwe, die nach dem tragischen Tod ihres Mannes – ganz schön selbstbewusst – ihr Leben in die Hand nimmt und als freischaffende Künstlerin erfolgreich meistert. Sie geben aber auch Zeugnis von den Reisen einer couragierten Globetrotterin, die bereits kurz nach

1945 die Trümmerstadt München verlässt, um mit Pinsel und Palette die Farbigkeit des Südens einzufangen. Alle Fotografien offenbaren Magda Bittner-Simmet als eine lebensfrohe Frau, die – ganz schön selbstbewusst – ihre Unabhängigkeit zu genießen und nicht nur bei Künstlerfesten zu feiern weiß.

Dieser Eindruck bestätigt sich auch beim neugierigen Blick in den Kleiderschrank von Magda Bittner-Simmet: maßgeschneiderte Seidenkostüme in starken Farben, ausgefallene Hüte und Accessoires offenbaren eine stil- und modebewusste Dame, die sich auf jedem Parkett zu bewegen und – ganz schön selbstbewusst – zu inszenieren versteht. Kein Wunder, schließlich hat sie sich für kurze Zeit sogar selbst an der Münchner Meisterschule für Mode im Modezeichnen geübt.

»Die Wohnung, das Milieu, die Gegenstände, mit denen sich ein Mensch umgibt, verraten fast alles über ihn«[3] (Jean Baudrillard). So erweisen sich auch die von Magda Bittner-Simmet hinterlassenen Möbelstücke, von ihr teilweise selbst entworfen oder in kräftigen Farben frech übermalt, als aussagekräftige Zeugnisse. Vor allem aber natürlich das 1972 von ihr ganz im Stil der Zeit und nach ihren Vorstellungen erbaute Haus in bester Münchner Wohnlage. In diesem Künstlerhaus am Schwabinger Bach lebt und arbeitet sie über 35 Jahre – ganz schön selbstbewusst – in einem repräsentativen Wohnatelier mit Traumblick über den Englischen Garten.

Der schriftliche Nachlass der Künstlerin mit vielfältigen Originaldokumenten spiegelt fast 100 Jahre Münchner Kulturgeschichte, deutsche Zeit- und auch Frauengeschichte: Während der NS-Zeit absolviert sie gegen den Willen der Eltern – ganz schön selbstbewusst – ihr Studium an der Münchner Kunstakademie. Im ausgebombten München richtet sie sich ein eigenes Atelier in der Leopoldstraße ein und beginnt ihre berufliche Tätigkeit als Malerin, zunächst mit dem Porträtieren von amerikanischen Offizieren während der Besatzungszeit. Geschickt und zielstrebig entwickelt sie – ganz schön selbstbewusst – ihre Karriere als Porträtistin der Nachkriegs- und Wirtschaftswunderzeit.

In ihrer Korrespondenz erweist sie sich als streitbarer Geist mit großem kulturpolitischen Engagement. Sie setzt sich u.a. als Vorstand der Malerinnengruppe der GEDOK – ganz schön selbstbewusst – für die Belange der Frauen im Kunstbetrieb ein. Vor allem aber zeigt sich Magda Bittner-Simmet in ihrem schriftlichen Nachlass als geschäftstüchtige Unternehmerin, die es versteht, sich durch den strategischen Aufbau eines Netzwerks – ganz schön selbstbewusst – als Künstlerin in der Kunstszene erfolgreich zu behaupten. Dies bezeugen die Dokumente zu mindestens 135 Ausstellungen, bei denen sie ihre Kunstwerke – ganz schön selbstbewusst – der Öffentlichkeit präsentiert.

Nicht zuletzt ist natürlich vor allem der umfassende künstlerische Nachlass (Ölgemälde, Aquarelle, Grafiken und Zeichnungen) von besonderer Aussagekraft über die ambitionierte Malerin. Viele Persönlichkeiten aus Wirtschaft, Politik, Kirche und Kultur sitzen der gefragten Porträtistin Modell. Diese Porträts, aber auch ihre farbenfrohen Stillleben und Landschaften in stilistischer Nähe zum Expressiven Realismus sprechen eine eigene Sprache. Magda Bittner-Simmet selbst hat ihr Werk – ganz schön selbstbewusst – als »Fest der Farbe« bezeichnet.

So bietet der gesamte private wie auch künstlerische Nachlass im ehemaligen Wohnatelier von Magda Bittner-Simmet – heute Sitz der Stiftung mit Ateliermuseum, Archiv und Depot – ein beredtes Zeugnis einer außergewöhnlichen Künstlerin und Stifterin.

Die gemeinnützige Magda Bittner-Simmet Stiftung hat laut Stiftungszweck die Aufgabe, dieses kulturelle Erbe zu erschließen und der Öffentlichkeit zugänglich zu machen. Um eine wissenschaftliche Beschäftigung mit Leben und Werk von Magda Bittner-Simmet anzuregen, wurde in Kooperation mit dem Institut für Kunstgeschichte an der Ludwig-Maximilians-Universität München 2014 ein Stiftungsstipendium ausgeschrieben. So entstand unter Betreuung von Prof. Dr. Burcu Dogramaci die vorliegende kunstsoziologische Untersuchung. Ziel dabei war nicht eine schmeichelnde Hagiographie, sondern eine wissenschaftlich fundierte Quellenstudie über Magda Bittner-Simmet.

Iris Nocker hat den bis dato noch nicht erschlossenen Nachlass mit außerordentlicher Sorgfalt gesichtet und akribisch ausgewertet. Mit prägnanten Zitaten aus bisher unveröffentlichten Originaldokumenten leistet ihre Studie einen neuen Beitrag zur Kunst-, Kultur- und Frauengeschichte und wurde dafür mit einem Preis ausgezeichnet.[4]

Die kunstsoziologische Arbeit von Iris Nocker bildet einen weiteren Beleg für die Vielfalt in der Kunstszene nach 1945, schließlich gab es durchaus auch weibliche Kunstschaffende, die allerdings bisher noch wenig Beachtung in der Kunstgeschichte gefunden haben.[5] Und es gab inmitten aller vorherrschenden abstrakten Kunst durchaus auch gestalterisch arbeitende Positionen.[6] Möge die Studie über Magda Bittner-Simmet als eigenwillige Repräsentantin ihrer Zeit zur weiteren Auseinandersetzung mit dieser spannenden Aufbruchszeit einladen.

Am 16. Oktober 2016 hätte Magda Bittner-Simmet ihren 100. Geburtstag gefeiert. Mit ihrer Stiftung auf Ewigkeit hat sie versucht, sich in gewisser Weise unsterblich zu machen. Dieser Wille der Stifterin als »Wunsch, diesem unendlichen Ozean von Vergänglichkeit einen freundlichen oder zornigen Fetzen Dauer zu entreißen«[7] (Heinrich Böll) ist Ausgangspunkt für alle Stiftungsprojekte zum Erhalt und zur Pflege des kulturellen Erbes.

Die vorliegende Publikation zum 100. Geburtstag der Malerin und Stifterin will ein Beitrag sein, um die Erinnerung lebendig zu halten an diese ganz schön selbstbewusste »Künstlerfürstin am Schwabinger Bach«.

Verena Walterspiel
Vorstand
Magda Bittner-Simmet Stiftung

---

1 Magda Bittner-Simmet, aus: Bayerisches Kulturmosaik, Heft 3/87, »Farbenklänge und Klangfarben oder das Fest der Farbe der Magda Bittner-Simmet«, S. 37
2 Hans Zehetmair in seinem Testimonial über Magda Bittner-Simmet, Erding, 22.02.2016
3 Jean Baudrillard, Das System der Dinge. Über unser Verhältnis zu den alltäglichen Gegenständen, Frankfurt am Main, 2007
4 Preis des Südtiroler Landesbeirats für Chancengleichheit für wissenschaftliche Arbeiten zum Thema Gleichstellung der Geschlechter und anderen Frauenfragen. Verleihung in Bozen am 23.06.2016
5 Vgl. das Vorwort von Antonia Voit
6 Vgl. das Vorwort von Burcu Dogramaci
7 Zitat aus der Rede von Kulturstaatsministerin Monika Grütters beim BBK-Symposium »Anlass: Nachlass. Zum Umgang mit Künstlernachlässen«, Berlin, 12.12.2015

Erst unter Richard Riemerschmid, der 1913 die Leitung der Schule übernimmt, erfolgt als eine entscheidende strukturelle Veränderung die Zusammenlegung der weiblichen und der männlichen Abteilung. Riemerschmid ist es auch, der im Unterschied zur bisherigen Unterrichtspraxis weniger auf das Abzeichnen und Kopieren als vielmehr auf das Individuelle und Künstlerische setzt.[8] Vehement tritt er darüber hinaus dafür ein, dass die Königliche Kunstgewerbeschule »der Schule für Malerei und Bildhauerei der Akademie durchaus gleichgestellt«[9] werden, besser noch eine einheitliche »Staatsschule für bildende Kunst« geschaffen werden solle.[10] Nachdem er seine Idee der Zusammenlegung von Akademie der bildenden Künste und Kunstgewerbeschule aufgrund des Widerstands von Seiten der Akademie nicht durchsetzen kann und die Situation an der Kunstgewerbeschule für ihn inakzeptabel wird, lässt er sich 1924 in den vorzeitigen Ruhestand versetzen.[11] Seine Vorstellung, für die er sich so kompromisslos eingesetzt hat, sollte schließlich 1946 Wirklichkeit werden, als die beiden Institutionen nach Kriegsende zusammengeschlossen und als »Hochschule der Bildenden Künste in München« wiedereröffnet werden.

Zunächst jedoch wird die Kunstgewerbeschule anlässlich ihres 60-jährigen Jubiläums im Jahr 1928 in Staatsschule für angewandte Kunst umbenannt. Schülerinnen und Schülern, die die Oberstufe dieser Staatsschule erfolgreich besucht haben, wird im Zeugnis bescheinigt, »daß der Besuch der Oberstufe dem Besuch einer Kunsthochschule als gleichwertig zu erachten ist.«[12]

Die endgültige Erhebung in den Rang einer Hochschule erfolgt 1937 mit der Umwandlung und Umbenennung der Staatsschule in Akademie für angewandte Kunst: »Durch Verordnung des Kultusministeriums [...] trat die Schule nun gleichberechtigt neben die Akademie der bildenden Künste.«[13] Ein Jahr später nimmt Magda Simmet an der Akademie für angewandte Kunst ihr Studium auf und schließt es 1944 ab.

Das Münchner Stadtmuseum hat 2014 in der Ausstellung »Ab nach München! Künstlerinnen um 1900« die Ausbildungssituation sowie Leben und Werk von Künstlerinnen im Bereich der angewandten und freien Kunst für den Zeitraum von 1890 bis 1914 beleuchtet. Mit der Folgezeit hat sich etwa Meike Hopp in ihrer – leider unveröffentlichten – Studie zu dem Thema »Weibliche Studierende an der Akademie der Bildenden Künste München zwischen 1920 und 1950« befasst. Es wäre zweifelsohne wünschenswert, Leben und Werk von Künstlerinnen in München im 19. und 20. Jahrhundert weiter aufzuarbeiten. Die vorliegende Publikation und das Engagement der Magda Bittner-Simmet Stiftung leisten dazu einen wertvollen Beitrag.

Antonia Voit
Stellvertretende Leiterin der Sammlung Angewandte Kunst
Münchner Stadtmuseum

---

1 Reinhard Spree: Geschlechterverhältnis und bürgerliche Familie im 19. Jh. http://rspree.wordpress.com/2011/02/21/geschlechterverhaltnis-und-burgerliche-familie-im-19-jh, Zugriff vom 18.07.2014

2 Zit. nach: Christiane Krause: Franziska zu Reventlow. In: Britta Jürgs (Hg.): Denn da war nichts mehr, wie es die Natur gewollt. Portraits von Künstlerinnen und Schriftstellerinnen um 1900. AvivA Verlag. Berlin 2001, S. 15

3 Marita A. Panzer: »Zwischen Küche und Katheder«. Bürgerliche Frauen um die Jahrhundertwende 1890–1914. In: Bayerische Landeszentrale für politische Bildungsarbeit (Hg.): Frauenleben in Bayern von der Jahrhundertwende bis zur Trümmerzeit. München 1993, S. 92

4 Zit. nach: ebenda

5 Die Kunstakademie und die Frauen, 1918. Eine Umfrage von Victor Ottmann. In: Carola Muysers (Hg.): Die bildende Künstlerin. Wertung und Wandel in deutschen Quellentexten 1855–1945. Verlag der Kunst. Dresden 1999, S. 319

6 Bayerisches Hauptstaatsarchiv, München: MK 19461 Petition des Comités zur Gründung einer Kunstschule für Mädchen in München, Februar 1870

7 Claudia Schmalhofer: Die Kgl. Kunstgewerbeschule München (1868–1918). Ihr Einfluss auf die Ausbildung der Zeichenlehrerinnen. Herbert Utz Verlag. München 2005, S. 205

8 Ebenda, S. 92

9 BayHSTA, MK 40903, Schreiben von Richard Riemerschmid an das Kultusministerium vom 18. Juni 1917, zit. nach: Michael Koch: Universitas artium? Zum Verhältnis von Kunstakademie und Kunstgewerbeschule, in: Nikolaus Gerhart, Walter Grasskamp, Florian Matzner (Hg.): 200 Jahre Akademie der bildenden Künste München. Hirmer Verlag. München 2008, S. 386

10 Ebenda

11 Ebenda, S. 387

12 Ebenda, S. 388

13 Ebenda

Vielfältigkeit in der Kunstszene nach 1945

Die Übersichtsausstellung *documenta*, die 1955 in Kassel veranstaltet wurde, bildete einen Status quo der deutschen Kunstlandschaft in ihrem Verhältnis zu internationalen Strömungen von der klassischen Moderne bis zur Nachkriegszeit. Ihr Organisator Arnold Bode und der ihn unterstützende Arbeitsausschuss versuchten, die Vorkriegsmoderne mit der Gegenwartskunst nach 1945 zu verbinden und das befriedete Deutschland in einem internationalen Kontext zu verorten.[1] Dazu trug auch ganz wesentlich Werner Haftmanns bereits 1954 erschienenes, programmatisches Buch *Malerei im 20. Jahrhundert* bei, das den ideologischen Überbau der Kasseler Ausstellung bildete. Darin stellte Haftmann, Mitglied des Arbeitsausschusses der *documenta*, die moderne Kunst in die Kontinuität einer europäischen Entwicklung und interpretierte sie als Ausdruck moderner Welterfahrung. Dem Buch lag eine teleologische Konzeption von Kunstgeschichte zugrunde, die vom Realismus des 19. Jahrhunderts, über den Impressionismus und Symbolismus zur abstrakten Kunst des Expressionismus führte. Die *documenta* folgte den Hauptlinien des Buches, den Perspektiven und Präferenzen und damit der Idee, sichtbar werden zu lassen, was die Kunst zwischen 1905 und 1955 geleistet hatte und was durch den Nationalsozialismus verdrängt worden war.

In diesem Kunstgeschichtsbild war die Moderne einer Logik und Notwendigkeit der Freiheit entsprungen: Die künstlerische Abwendung vom Primat einer imitatio der Realität wurde zusammengeführt mit einem Streben nach politischer Freiheit; Abstraktion, Humanismus und Demokratie fielen in dieser Deutung in eins. Damit war die *documenta* ganz wesentlich beteiligt an der Etablierung der Abstraktion als dominierende Strömung der Malerei in der zweiten Hälfte des 20. Jahrhunderts.[2] Die Ausstellung von 1955 machte zwar *Vieles* sichtbar, was vorher der Verfolgung und Verdrängung anheimgefallen war, doch blieb eben auch *Anderes* unsichtbar, wurde damit negiert, relativiert und vergessen.

Die große Erzählung, die von der *documenta*, den begleitenden Texten, Kunsthistorikern und Kunstkritikern entfaltet wurde, blieb bis in die Gegenwart einflussreich. Ausgeblendet aus diesem Narrativ waren beispielsweise viele emigrierte Künstlerinnen und Künstler, die nach 1933 Deutschland verlassen mussten und eben nach Kriegsende nicht mehr zurückkamen oder zurückgeholt wurden[3].

Aber auch weibliche Kunstproduzenten waren auf der Kasseler Ausstellung kaum berücksichtigt; zu einer der beteiligten Bildhauerinnen gehörte Emy Roeder. Und weniger im Blick blieben Figuration und Realismus, die auch nach 1945 noch beharrlich weitergeführt wurden, auf dem Kunstmarkt und in lokalen Kunstschauen vertreten waren und nicht in den großen Kanon der Nachkriegskunst aufgenommen wurden. Somit bleibt es weiterhin die Aufgabe einer kritischen Kunstgeschichte, der großen geschlossenen Erzählung von der abstrakten Kunst nach 1945 andere Perspektiven entgegenzusetzen, die sich den Ambivalenzen und Widersprüchen wie auch den weniger exponierten Kunstschaffenden jener Zeit widmen.

Die vorliegende Studie über die Münchner Malerin Magda Bittner-Simmet trägt dazu bei, eine andere Historiografie der Kunst der 1950er- und 1960er-Jahre zu schreiben. So ist Iris Nockers Untersuchung eben keine Hagiografie einer bislang weniger beachteten Künstlerin, die wiederentdeckt werden soll. Vielmehr dient sie als Modellfall für die vielfältigen Herausforderungen eines Künstlerinnenlebens und -schaffens in einer deutschen Großstadt nach Ende des Zweiten Weltkrieges. Trotz der heftigen Bombardements und umfassenden Zerstörungen des Stadtbildes begann das Kunstleben in München schon kurz nach 1945 wieder zu prosperieren, indem neue Galerien (u.a. Galerie Stangl) eröffneten und Institutionen wieder die Arbeit aufnahmen. Magda Bittner-Simmet, die vor 1945 an der Münchner Kunstakademie studiert hatte, gelang es, sich durch verschiedene (auch geschlechtsspezifische) Strategien in der Kunstszene der Stadt Aufmerksamkeit zu verschaffen. Sie baute ein funktionierendes Netzwerk zu Entscheidungsträgern, Mäzenen und Kollegen auf und konnte neue Auftraggeber an sich binden. Auch Bittner-Simmets Engagement in lokalen und internationalen Vereinigungen wird als karrierefördernd in den Blick genommen. Dabei war Bittner-Simmet, wie viele ihrer weiblichen Kollegen, eher in kleineren Ausstellungshäusern präsent. Aufschlussreich ist, wie sehr die Künstlerin um öffentliche Aufmerksamkeit bemüht war und dass sie mit ihrer konservativen gegenständlichen Malerei eine größere Käuferschaft gewinnen konnte.

Damit wird deutlich, dass der von Werner Haftmann und anderen Kunsthistorikern, Künstlern und Ausstellungsmachern propagierte Weg in die künstlerische Abstraktion tatsächlich nur von einem Teil der Künstlerschaft beschritten wurde. Daneben existierten viele andere künstlerische Haltungen und ästhetische Vorlieben potenzieller Käufer, die den Auf- und Umbrüchen in der zeitgenössischen Kunst von der abstrakten Malerei über Pop Art bis zur Konzeptkunst skeptisch oder ablehnend gegenüberstanden. Magda Bittner-Simmet wandte sich im Übrigen auch öffentlich und politisch gegen die neuen Tendenzen in der zeitgenössischen Kunst, so etwa, als sie sich entschieden gegen den Erwerb der Installation »zeige deine Wunde« (1974/75) von Joseph Beuys durch die Städtische Galerie im Lenbachhaus positionierte.

Auf der Basis des erhaltenen Nachlasses der Künstlerin und umfassender Recherchen zeigt Iris Nocker auf, mit welchen Strategien der Selbstvermarktung, Netzwerkbildung und politischen Positionierung eine Malerin wie Magda Bittner-Simmet Anerkennung gewinnen konnte. Sie gibt mit ihrer sozialhistorisch orientierten Arbeit letztlich auch Aufschluss darüber, wie konservative Positionen in der dominierenden Kunstgeschichtsschreibung des 20. Jahrhunderts unterschlagen wurden, zugleich aber durchaus auf dem Kunstmarkt reüssierten und lokale Reputation genossen. Dies spricht für das Nebeneinander verschiedenster, auch in Widerspruch stehender Kunstgeschichten innerhalb einer Epoche und eines Kulturkreises.

Prof. Dr. Burcu Dogramaci
Institut für Kunstgeschichte
Ludwig-Maximilians-Universität München

---

1 Vgl. Ulrike Wollenhaupt-Schmidt: documenta 1955. Eine Ausstellung im Spannungsfeld der Auseinandersetzungen um die Kunst der Avantgarde 1945–1960, Frankfurt am Main u. a. 1994, S. 33–36. Zu den beteiligten Künstlern und dem Konzept der Ausstellung siehe Documenta. Kunst des XX. Jahrhunderts. Internationale Ausstellung im Museum Fridericianum in Kassel, hg. v. Arnold Bode, Ausst.-Kat. Museum Fridericianum, Kassel, München 1955.

2 Dazu umfassend: Manfred Schneckenburger (Hg.): Documenta – Idee und Institution. Tendenzen, Konzepte, Materialien, München 1983; siehe auch Gregor Wedekind: Abstraktion und Abendland. Die Erfindung der documenta als Antwort auf »unsere deutsche Lage«, in: Nikola Doll u.a. (Hg.): Kunstgeschichte nach 1945, Köln u.a. 2006, S. 165–181.

3 Zu diesem Themenkomplex siehe Burcu Dogramaci: Deutschland, fremde Heimat. Zur Rückkehr emigrierter Bildhauer nach 1945. Germany, a Foreign Land. The Return of Émigré Sculptors after 1945, Ausst.-Kat. Kunsthaus Dahlem, Berlin 2015.

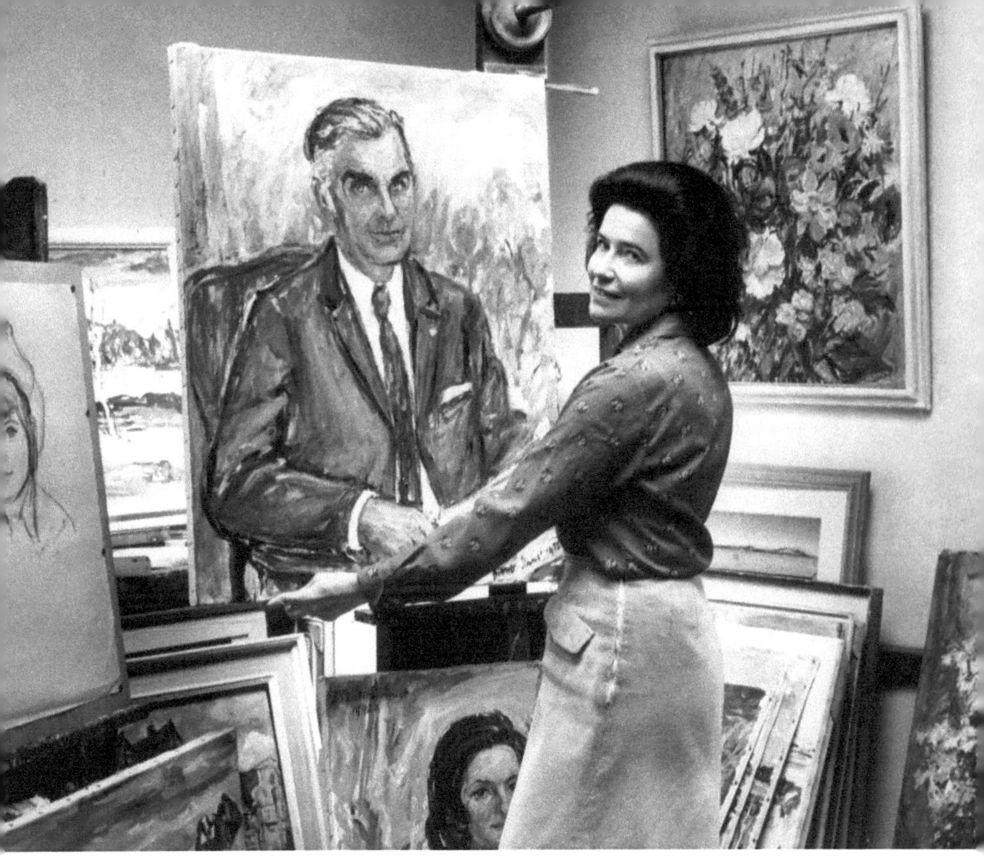

»Mein Besuch galt Magda Bittner-Simmet, einer der erfolgreichsten Schwabinger Malerinnen.«

Henriette Dohn*

* Zitiert nach Henriette Dohn: Magda Bittner-Simmet, in: Die »Frauenwelt« besuchte Malende Frauen, in: Frauenwelt, 3, 1960, S. 13ff.

EINLEITUNG

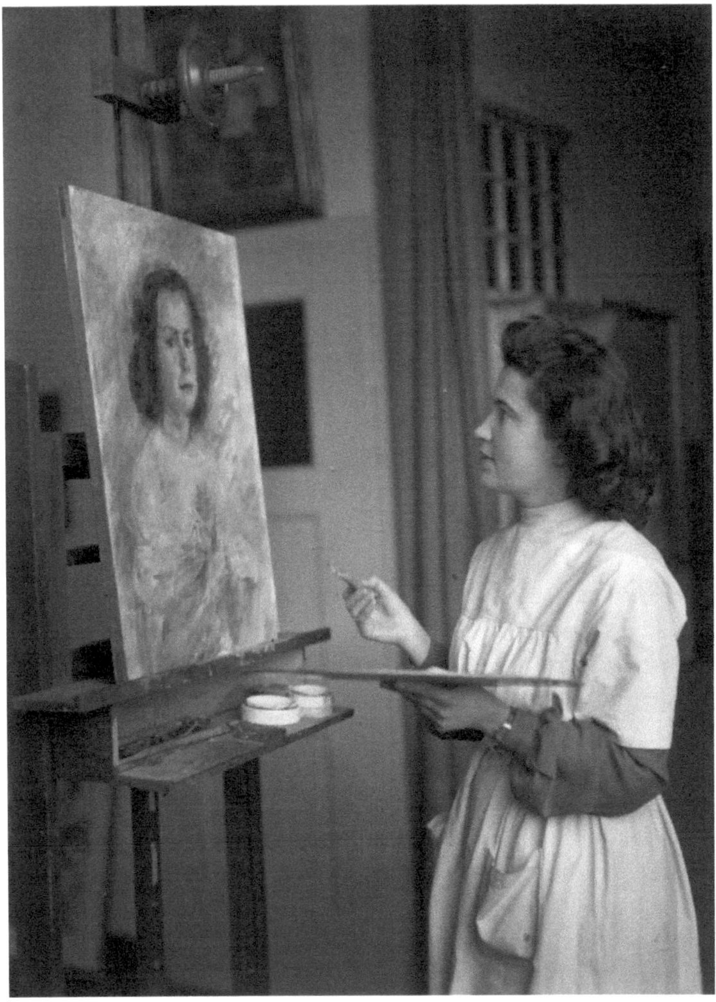

Untersuchungsgegenstand

Ausgangspunkt dieser Arbeit war ein Stipendium der Magda Bittner-Simmet Stiftung, das den Anlass bot für das Verfassen einer wissenschaftlichen Studie zu der Künstlerin Magda Bittner-Simmet vor allem unter soziokulturellen Aspekten. In diesem Rahmen wurde die vorliegende Schrift als Abschlussarbeit des Masterstudiums an der Ludwig-Maximilians-Universität München am Institut für Kunstgeschichte in Betreuung von Prof. Dr. Burcu Dogramaci verfasst.

In dieser Arbeit soll es um das Leben und Werk einer Künstlerin gehen, die in der Nachkriegszeit und den Wirtschaftswunderjahren in München gelebt und gearbeitet hatte. Die primäre Fragestellung der Arbeit ist das künstlerische Überleben bzw. die Etablierung Magda Bittner-Simmets in der Münchner Kunstwelt während ihrer Hauptschaffensphase, die mit Ende des Zweiten Weltkriegs einsetzte. Die Situation der Münchner Kunstszene ab 1945, das lokale Ausstellungswesen und die damalige Kulturpolitik werden in Zusammenhang gebracht mit dem sozialen Agieren Bittner-Simmets.

Die Absicht dieser Arbeit ist es, am Beispiel einer künstlerisch konservativen und sozial fortschrittlichen Frauengestalt einen Beitrag zur Kunst- und Gesellschaftsgeschichte der zweiten Hälfte des 20. Jahrhunderts in Deutschland zu leisten. Es ist auch ein Versuch, die gängige kunstgeschichtliche Meinung über deutsche Nachkriegskunst am Beispiel einer Münchner Künstlerin kritisch zu hinterfragen, manche Sichtweisen aufzubrechen und so einen Beitrag zu leisten zur Würdigung von Künstlerpositionen, die im Schatten der großen Erneuerer stehen. Der kunstsoziologische Schwerpunkt erlaubt gleichermaßen eine Abhandlung über die zeitgeschichtlich charakteristischen Phänomene sowie über die für Bittner-Simmet spezifische Ausprägung ihres individuellen Künstlerinnenlebens. Der Auftrag, sich einer Künstlerin über die soziokulturelle Sichtweise zu nähern, erweist sich hier als unverhofft fruchtbar, denn »wenn man das Ganze, das Netzwerk, untersucht, versteht man das Individuum«.[1]

---

1 Dorothea Jansen: Einführung in die Netzwerkanalyse. Grundlagen, Methoden, Forschungsbeispiele, Opladen ³2006, S. 13. Zit. n. Burcu Dogramaci/Karin Wimmer: Netzwerke des Exils. Künstlerische Verflechtungen, Austausch und Patronage nach 1933 (=erweiterte Publikation zur Tagung »Netzwerke des Exils …« des Instituts

Wissenschaftliche Methodik

Zentraler Untersuchungsgegenstand ist die Analyse der beruflichen und gesellschaftlichen Etablierung Bittner-Simmets in ihrem Umfeld. Dabei wird auf eine semiotische und ikonografische Bewertung des Œuvres der Künstlerin verzichtet. Es erfolgt lediglich eine knappe kunsthistorische Einordnung. Ihr Werk wird vielmehr in den einerseits gegebenen und andererseits selbst geschaffenen sozialen Kontext gestellt, der sich in ihren diversen Tätigkeitsfeldern (Gesellschaft, Ausstellungswesen, Kunst- und Kulturpolitik) widerspiegelt.

Im Wesentlichen werden dabei drei unterschiedliche Methoden angewandt: Historische Konstellationen, etwa die Münchner Nachkriegskunst, die Situation im Ausstellungswesen oder die Ausrichtung der Kulturpolitik werden in rekonstruierender Methodik durch Sekundärliteratur erfasst.

Aufgrund der Fokussierung auf den soziokulturellen Aspekt basiert die Arbeit auf kunstsoziologischen Theorien.[2] Entsprechend der von Pierre Bourdieu definierten »Wissenschaft von den kulturellen Werken« wird ein Individuum ganzheitlich innerhalb eines (kulturellen) Systems betrachtet und nicht bloß seine Produkte bewertet.[3] Dies hängt unmittelbar mit der strukturalistischen Analyse des Netzwerks zusammen, in der »Strukturen als wesentliche soziale Eigenschaften begriffen und formal beschrieben werden mit dem Ziel, sie für Erklärung individuellen Handelns heranzuziehen.«[4] Die Netzwerkanalyse ist hier also das Instrument, mit dem das soziale Verhalten erfasst wird.

Drittens wird das Thema durch die Grundlagenforschung und -sicherung im Archiv der Magda Bittner-Simmet Stiftung bearbeitet.

---

für Kunstgeschichte der Ludwig-Maximilians-Universität München [12.–14. November 2010] am Center für Advanced Studies), Berlin 2011, S. 16.

2 Die Kunstsoziologie beschäftigt sich mit allen relevanten Akteuren, Institutionen, Phänomenen und Beziehungen, die im Zusammenhang mit Kunst – im künstlerischen Feld – identifizierbar sind. Vgl. Alfred Smudits u.a.: Kunstsoziologie. Lehr- und Handbücher der Soziologie, München 2014.

3 Sie geht vom Anspruch aus, die Gesamtheit sozialer Bedingungen, die an der Entstehung eines Kunstwerks mitwirken, zu beschreiben. Vgl. Smudits u.a. 2014, S. 131.

4 Jansen [3]2006.

Diese Stiftung wurde 2009 aufgrund testamentarischer Verfügung der Künstlerin errichtet und verwaltet seither ihren gesamten Nachlass. Alle für diese Arbeit verwendeten Quellen aus dem Nachlass von Magda Bittner-Simmet befinden sich im Stiftungsarchiv im ehemaligen Wohnhaus und Atelier der Künstlerin in München-Schwabing, Schwedenstraße 54.

Angefügt sei hier ein Wort zum Zustand des Archivs zu Beginn der Recherche: Die vorhandenen Dokumente waren thematisch vorsortiert. Die Zweitsichtung und eine für die weitere Recherche erforderliche Neu- und Umordnung, Ergänzung sowie Verknüpfung mit dem restlichen Archivgut erfolgte im Rahmen dieser Arbeit.

Die Recherche erfolgte in den Konvoluten zum Biografischen, zu Gruppen- und Einzelausstellungen, in der Korrespondenz und in Unterlagen zum zeitgenössischen künstlerischen Kontext bzw. zur Kunst- und Kulturpolitik. Die Recherche in der Korrespondenz der Künstlerin gab vor allem Aufschluss über ihre Netzwerkbildung, woran ihr gesellschaftliches und geschäftliches Verhalten ablesbar ist. Vorhandene Kontakte erlauben Rückschlüsse auf erteilte Aufträge und die Realisierung von und die Teilnahme an Ausstellungen. Außerdem gibt ein Vergleich zwischen den Textentwürfen und den tatsächlich gedruckten Presseberichten Auskunft über die Positionierung der Künstlergestalt in der Öffentlichkeit.

Des Weiteren lassen von der Künstlerin gesammelte Materialien zu Künstlerkollegen und gesellschaftlichen Ereignissen das Spektrum von Interessen der Künstlerin erahnen. Die vorhandenen Dokumente im Künstlernachlass bzw. Stiftungsarchiv umfassen neben Briefen, Visitenkarten, Kontaktdaten und Gästelisten betreffend der Ausstellungen auch biografische Dokumente, Zeitungen und Zeitschriften, Gästebücher, Belegexemplare von Ausstellungen und Einladungen zu Vernissagen, Ausstellungskataloge, Listen ausgestellter Werke, Fotografien, kulturpolitische Manifeste und dazugehörige Presseberichte.

Nach der kompletten Durchsicht und Strukturierung der genannten Dokumente war es möglich, die primäre Fragestellung und These der Masterarbeit zu entwickeln.

Welche Quellenart für welche Rückschlüsse verantwortlich war, erschließt sich in den jeweiligen Kapiteln. Grundsätzlich lässt sich festhalten, dass die verwendeten Quellen größtenteils für mehrere Themenbereiche aussagekräftig waren und daher in querverlesender Methode verwendet wurden. So lässt sich beispielsweise an einer getätigten Reise rückschließen, dass sich die Veränderung der Lichtverhältnisse auf die Palette der Künstlerin auswirkten, inwieweit sie die dort geknüpften Kontakte für Aufträge oder Ausstellungen nutzen konnte und ob eventuell dort entstandene Arbeiten dem Kunstgeschmack vieler ihrer Zeitgenossen entsprachen. Die Auswahl der angeführten Korrespondenzen ist so gewählt, dass sie meist für mehrere Thesen unterstützend gelesen werden können. Die aus den genannten Quellen angestellten Vermutungen wurden schließlich ergänzt durch Interviews und Berichte von Zeitzeugen.

Die in dieser Masterarbeit formulierten Erkenntnisse entstanden also größtenteils durch die Sicherung der Dokumente im Stiftungsarchiv, ihrer Verknüpfung untereinander und wurden durch die entsprechende Sekundärliteratur ergänzt.

Forschungsstand

Die vorliegende Arbeit ist die erste umfangreiche wissenschaftliche Arbeit über die Künstlerin Magda Bittner-Simmet[5] und bildet somit den Auftakt zur wissenschaftlichen Diskussion über ihre Person.

Die Künstlerin selbst gab zu Lebzeiten zwei Bildbände »Fest der Farbe«[6] als Rückblick über ihr Leben und Werk heraus. Diese geben Auskunft über biografische Daten, künstlerische Arbeitsweisen und Meinungen und werden im Anhang mit Listen der realisierten Einzel- und Gruppenausstellungen ergänzt. Obwohl die Publikationen stark subjektiv gefärbt sind, waren sie für die vorliegende Arbeit äußerst aufschlussreich, insbesondere bezüglich des künstlerischen Selbstverständnisses und der kunstpolitischen Positionierung. Herauszulesen sind hier neben den biografischen Fakten und dem beruflichen Werde-

---

5 Ein erster wissenschaftlicher Bericht mit einem Überblick über das Leben Bittner-Simmets erschien 2011 in der Jahresschrift des Historischen Vereins Erding. Christiane von Nordenskjöld: Magda Bittner-Simmet. Eine Münchner Malerin mit Wurzeln in Erding, in: Historischer Verein Erding e.V.: Jahresschrift, Erding 2011, S. 91–110.

6 Magda Bittner-Simmet: Fest der Farbe. Gemälde, Aquarelle, Zeichnungen 1948–1984, Bd. 1, München 1986. Magda Bittner-Simmet: Fest der Farbe. Aquarelle, Zeichnungen, Skizzen 1939–1992, Bd. 2, München 1993.

gang die Art und Weise der Selbstdarstellung als Teil der strategischen Selbstinszenierung der Künstlerin.

Der Aufbau des folgenden Berichts über den Forschungsstand entspricht der Gliederung der Arbeit. Zunächst nennt er grundlegende Literatur über das kulturelle Leben der Münchner Nachkriegszeit unter besonderer Berücksichtigung der Situation von Frauen in dieser Zeit. Darauf folgt ein Bericht über die Literatur zu den behandelten Themenbereichen: der Stadtteil Schwabing, Münchens Ausstellungswesen und Kulturpolitik sowie der Ankauf von Beuys' ›zeige deine Wunde‹ durch die Stadt München. Das Verhalten Bittner-Simmets wird innerhalb dieses Kontextes kunstsoziologisch eingebettet. Im letzten Abschnitt wird auf die Entwicklung der Kunstsoziologie und ihre Relevanz in der neueren Kunstgeschichtsschreibung eingegangen.

Die Nachkriegszeit im geteilten Deutschland wird in unzähligen Schriften aus unterschiedlichen Blickwinkeln behandelt. Im kunsthistorischen Bereich stehen der Anschluss an das Kunstschaffen vor dem Krieg, das Ausmaß der Kunstförderung und die öffentliche und private Ausstellungstätigkeit im Mittelpunkt der Untersuchungen. In der Literaturflut über die Nachkriegskunst ist auffällig, dass vorwiegend neue künstlerische Tendenzen vorgestellt werden, was zur allgemein herrschenden Vorstellung führt, im deutschen Kunstschaffen nach dem Krieg hätte es nur radikale Neuanfänge gegeben. Dieses Phänomen kann nicht zuletzt als Folge der Kunstgeschichtsschreibung gedeutet werden. Nach dem von Werner Haftmann, einem einflussreichen Befürworter der abstrakten Malerei, 1954 publizierten Werk »Malerei im 20. Jahrhundert« galten expressiv-gegenständlich arbeitende KünstlerInnen als veraltet:

»So kann es eigentlich nicht verwundern, daß das neue Jahrzehnt seinen bestimmenden Stilausdruck gerade in der ›abstrakten Malerei‹ fand; in ihr waren ja die spontansten Sprachmöglichkeiten gegeben, um die Vorgänge innerhalb der existentiellen Schichten bildnerisch konkret zu machen, die auch soweit materiell befrachtet werden konnten, daß das Erlebnis am Wirklichen aus ihnen reflektieren konnte.«[7]

---

7 Vgl. Werner Haftmann: Malerei im 20. Jahrhundert, München 1954, S. 438.

Daher wurden die eher traditionell-konservativen Protagonisten, die vor allem in München keine Seltenheit waren und zu welchen auch Bittner-Simmet gehörte, von der Forschung zunächst vernachlässigt.

Mehrere Publikationen liefern einen Überblick über die deutsche Malerei nach 1945.[8] Karin Thomas markiert mit ihrem Katalog »Kunst in Deutschland seit 1945« den jüngsten Stand der Forschung innerhalb der gesamtdeutschen Betrachtung.[9] Die Situation in München wird hier wie auch in anderen Publikationen nur am Rande erwähnt. Diese Lücke schließt Annette Doms 2004 mit ihrer Dissertation, wobei es dort primär um die Situation und Rezeption moderner Malerei in der Münchner Nachkriegszeit geht.[10] Dennoch bietet diese Arbeit weitgefächerte Ergebnisse über die kulturelle Situation in der Münchner Nachkriegszeit. Doms stützt sich auf die 1985 von Marita Krauss herausgegebene Monografie über die städtische Kunstpolitik bis 1954.[11]

Der von Friedrich Prinz herausgegebene Sammelband »Trümmerzeit in München« zeigt das gleichzeitige Bestehen konservativer sowie einiger weniger innovativer Kräfte im Kunstgeschehen auf, wobei das Phänomen nicht weiter ausgeführt wird.[12] Über die verschiedenen Kunstströmungen in München sowie die künstlerischen Entwicklungen der Nachkriegszeit berichtet eingehender Horst Ludwig in seinem Katalog zur »Malerei in München im 20. Jahrhundert«.[13] Im 1982 herausgegebenen Sammelband über Münchner MalerInnen zwischen 1955 und 1982 gibt Karl Ude in seinem Aufsatz einen Einblick über die aktuelle Situation.[14]

---

8 Zu nennen wären: Hugo Borger/Ekkehard Mai/Stephan Waetzold: '45 und die Folgen. Kunstgeschichten eines Wiederbeginns, Köln-Weimar-Wien 1991; Martin Damus: Kunst in der BRD. 1945–1990. Funktionen der Kunst in einer demokratisch verfaßten Gesellschaft, Reinbeck bei Hamburg 1995; Ulrich Reißer/Norbert Wolf: 20. Jahrhundert II (=Kunst-Epochen, Bd. 12), Stuttgart 2003.

9 Karin Thomas: Kunst in Deutschland seit 1945, Köln 2002. Der Schwerpunkt liegt auf der Kunstentwicklung im geteilten Deutschland zwischen 1945–1989.

10 Annette Doms: Neue Wege. Über die Situation und Rezeption moderner Malerei in der Münchner Nachkriegszeit, Univ. Diss., LMU München, 2004.

11 Marita Krauss: Nachkriegskultur in München. Münchner städtische Kulturpolitik 1945–1954, München 1985.

12 Friedrich Prinz (Hg.): Trümmerzeit in München. Kultur und Gesellschaft einer deutschen Großstadt im Aufbruch, München 1984.

13 Horst G. Ludwig (Hg.): Vom »Blauen Reiter« zu »Frisch gestrichen« – Malerei in München im 20. Jahrhundert, München 1997.

14 Hans Kiessling: Maler der Münchner Kunstszene 1955–1982, St. Ottilien 1982.

Aufschluss über die zeitgenössische Kunst- und Kulturszene Münchens der 1980er-Jahre bietet auch Gert Gliewe 1988 in einer Sammlung von Aufsätzen über Künstlerpositionen, Denkmalpflege, Museen, Kunstförderung, Galeriewesen, den Stellenwert von Künstlerinnen sowie den Kunsthandel.[15] Essayhaft bietet 2013 Karl Stankiewitz als Zeitzeuge einen chronologischen Einblick in die Münchner Kulturlandschaft der Jahre 1945 bis heute, vermittelt damit aber mehr ein Gefühl für diese Zeit ohne den Anspruch auf Wissenschaftlichkeit.[16]

Gegenständlich arbeitende Künstler der zweiten Kriegsgeneration waren bis 1969 aus der Forschung ausgeschlossen. Otto Staudenmaier schafft im selben Jahr mit seinem Werk »Gegenständlichkeit und Abstraktion in der bildenden Kunst«[17] den Ausgangspunkt für ihre Beachtung. Erst ELF Jahre später greift Rainer Zimmermann das Thema wieder auf, wobei der Begriff der »Verschollenen Generation«[18] geprägt wurde. Sein Grundlagenwerk[19], mit dem Zimmermann einen längst überfälligen Beitrag zur Vervollständigung der Erfassung deutscher Nachkriegskunst leistet, ist der Auftakt für eine Vergegenwärtigung von bisher in der Kunstgeschichtsschreibung unbeachteten Künstlern; eben jener, die ihre stilistische Richtung – die später als »Expressiver Realismus« bezeichnet wurde – nach dem Krieg wieder aufnahmen.[20]

Das von Rolf Jessewitsch einige Jahre später initiierte Projekt »Verfemt – Vergessen – Wiederentdeckt« knüpft hier an: In seinem umfangreichen Werk über die zweite Expressionisten-Generation werden dezidiert Künstler der zweiten Expressionisten-Welle nach dem Krieg mit eingeschlossen.[21] Diese Reihe wird 2000 ergänzt durch eine Publi-

---

15 Gert Gliewe: Kunst in München, Köln 1988.

16 Karl Stankiewitz: Die befreite Muse. Münchner Kunstszenen ab 1945, München 2013.

17 Otto Staudenmaier: Gegenständlichkeit und Abstraktion in der Bildenden Kunst, Wuppertal 1969.

18 Verschollen aufgrund ihrer Nichtbeachtung in der Kunstgeschichtsschreibung.

19 Rainer Zimmermann: Die Kunst der verschollenen Generation. Deutsche Malerei des Expressiven Realismus von 1925 bis 1975, Düsseldorf-Wien 1980; in 2. Auflage unter geändertem Titel: Expressiver Realismus. Malerei der verschollenen Generation, München 1994.

20 Zimmermann dient als Referenz für die Stilzuordnung der Werke Bittner-Simmets, die jedoch aufgrund ihres Geburtsjahres 1916 nach der Definition Zimmermanns nicht der »Verschollenen Generation« zugerechnet werden kann.

21 Rolf Jessewitsch/Gerhard Schneider (Hg.): Verfemt – Vergessen – Wiederentdeckt. Kunst expressiver Gegenständlichkeit aus der Sammlung Gerhard Schneider, Köln

kation Ingrid von der Dollens über weibliche Positionen der »Verschollenen Generation«.[22]

Informationen über die Situation der Frau in der Nachkriegszeit beschränken sich auf zwei Publikationen, in welchen sie lediglich als Teilkapitel behandelt werden: Zum einen in Klaus von Beymes Werk zur Kunst und Gesellschaft von 1905–1955[23] sowie im Aufsatz von Marita Krauss im bereits erwähnten Sammelband von Prinz[24]. Carola Muysers gibt 1999 eine Quellensammlung von Texten über die bildende Künstlerin von 1855–1945 heraus mit dem Fokus auf Wertung und Wandel ihrer Rezeption.[25] Eine Reflexion über die aktuelle gesellschaftliche Positionierung bildender KünstlerInnen bietet die kulturpolitik-wissenschaftliche Dissertation von Usa Beer.[26] Für eine Berücksichtigung der kunstwissenschaftlichen Geschlechterforschung sei auf Anja Zimmermanns »Einführung in die Kunstgeschichte und Gender« hingewiesen, die aus feministischer Perspektive einen Überblick über deren Entwicklung gibt.[27]

Zur Geschichte des Stadtviertels Schwabing gibt es einige zeitgenössische Schriften als Bericht des Status quo[28], aber auch neuere Unter-

---

1999 [anlässlich der Ausstellung »Verfemt – Vergessen – Wiederentdeckt. Kunst expressiver Gegenständlichkeit aus der Sammlung Gerhard Schneider«, Kunstverein Südsauerland, Olpe 1999–2000 und Museum Baden, Solingen-Gräfrath, 1999–2000]; in 2. Auflage unter geändertem Titel: Expressive Gegenständlichkeit. Schicksale figurativer Malerei und Graphik im 20. Jahrhundert: Werke aus der Sammlung Gerhard Schneider, München 2001.

22 Ingrid von der Dollen: Malerinnen im 20. Jahrhundert – Bildkunst der »verschollenen Generation«, München 2000.

23 Klaus von Beyme: Das Zeitalter der Avantgarden. Kunst und Gesellschaft 1905–1955, München 2005.

24 Marita Krauss: »…es geschahen Dinge, die Wunder ersetzten.« Die Frau im Münchner Trümmeralltag, in: Prinz 1984, S. 283–302.

25 Carola Muysers: Die bildende Künstlerin. Wertung und Wandel in deutschen Quellentexten 1855–1945, Amsterdam-Dresden 1999.

26 Usa Beer: Zwischen Avantgarde und Auftrag. Bildende KünstlerInnen und ihre Kompetenzen als gesellschaftliches Potenzial (=Studien zur Kulturpolitik 14), Frankfurt am Main 2012. Trotz zeitlicher Abweichung diente diese Studie als Anregung für die Betrachtung der gesellschaftlichen Positionierung Bittner-Simmets, zumal ein Teilkapitel der Rolle der KünstlerInnen in Bezug auf die Vergangenheit gewidmet ist.

27 Anja Zimmermann: Kunstgeschichte und Gender. Eine Einführung, Berlin 2006.

28 Theodor Dombart: Schwabing. Münchens älteste und schönste Tochter, München 1967. Hanns Vogel (Hg.): Schwabing, vom Dorf zur Künstlerfreistatt. Mosaik eines Münchner Stadtteils zum 800. Geburtstag Münchens, München 1958.

suchungen, wie das 2010 erschienene Buch von Gernot Brauer[29] mit einem Essay von Brigitta Rambeck, der einen wertvollen Beitrag für die Entschlüsselung der Persönlichkeiten innerhalb Schwabings im Zusammenhang mit Bittner-Simmet liefert.

Publikationen über die Geschichte der Ausstellungen, ihre propagandistische Funktion und die Präsentation der Kunstwerke gibt es vielfach[30], Analysen der Wechselwirkung zwischen Ausstellungen, Künstlerpersönlichkeiten und Kunstproduktion hingegen kaum. Einen Anhaltspunkt bietet Oskar Bätschmanns Untersuchung zum »Ausstellungskünstler«, in der er sich eben diesem bisher selten beachteten Gegenstand widmet. Bätschmann stützt sich methodisch auf Pierre Bourdieus relationale Analysen und verbindet sie mit der geschichtlichen Entwicklung von Ausstellungen seit dem 18. Jahrhundert.

Für vergangene Ausstellungen in Münchner Ausstellungshäusern ist es notwendig, die jeweiligen Kataloge zu konsultieren; Überblickswerke von Ausstellungen in der zweiten Hälfte des 20. Jahrhunderts in München gibt es keine. Das Phänomen von Kunstschaffenden, die ihre Ausstellungen selbst kuratieren, wurde in der Forschung noch kaum untersucht. Zu diesem Thema fand 2002 eine Podiumsdiskussion an der Akademie der Bildenden Künste Stuttgart statt, auf der ein Panel dem Thema »Kuratoren als Künstler – Künstler als Kuratoren« gewidmet war, das sich mit der aktuellen Situation der Verantwortung von Ausstellungsmachern auseinandersetzte.[31]

Forschungen über die Kulturpolitik beschäftigen sich bevorzugt mit den Zeitabschnitten um 1900, 1933–1945 sowie nach 1945. Für Münchens Kulturpolitik nach 1945 sind die Werke der bereits oben erwähnten Autoren Krauss, Borger, Mai, Waetzold sowie Stankiewitz zu nennen.[32] Eine detaillierte Untersuchung bietet Ulrike Zieglers 2005 erschienene Publikation über Kulturpolitik im geteilten Deutschland

---

29 Gernot Brauer: München Schwabing. Ein Zustand, München 2010.

30 Oskar Bätschmann: Ausstellungskünstler. Kult und Karriere im modernen Kunstsystem, Köln 1997, S. 10.

31 Hans Dieter Huber: Künstler als Kuratoren – Kuratoren als Künstler?, in: Ders./Hubert Locher/Karin Schulte (Hg.): Kunst des Ausstellens. Beiträge, Statements, Diskussionen, Ostfildern-Ruit 2002, S. 224–228.

32 Krauss: vgl. Anm. 11, Borger/Mai/Waetzold: vgl. Anm. 8, Stankiewitz: vgl. Anm. 16.

bis Anfang der 60er-Jahre.[33] Noch ausführlicher untersucht Klaus von Beyme – ausgehend von einer Klärung des Kulturbegriffs – die historischen Entwicklungen der Kulturpolitik in Deutschland.[34] Vom Stand der Kulturpolitik Bayerns in den 90er-Jahren zeugt die Publikation der Tagung »Kunst und Manipulation – Die Moderne zwischen Markt und Meinung« – der Hanns-Seidel-Stiftung e. V. mit zwei Statements von Hans Zehetmair und Michael Meuer.[35]

Über das umstrittene Werk von Joseph Beuys ›zeige deine Wunde‹ erscheint 1980 anlässlich des städtischen Ankaufs eine zweibändige Publikation. Der erste Band beinhaltet Armin Zweites Interpretationsversuch des Werks[36], während im zweiten Band die Presseberichte über die Reaktionen des städtischen Ankaufs gesammelt abgedruckt werden[37]. Eine weitere Interpretation von Franz Joseph van der Grinten wird in der 2. Ausgabe von »kunst und kirche«[38] mit dem Leittitel »Das Leiden in der Kunst heute« publiziert, allerdings – entgegen der Annahme aufgrund des Titels – nicht wertend.[39] Für die Nachvollziehbarkeit der damaligen Debatte sei auf den Aufsatz von Barbara Lange im Sammelband »200 Jahre Kunstgeschichte in München« verwiesen.[40]

---

33 Ulrike Ziegler: Kulturpolitik im geteilten Deutschland: Kunstausstellungen und Kunstvermittlung von 1945 bis zum Anfang der 60er Jahre, Frankfurt am Main 2005. Hermand Josts Ausführung zum selben Thema geht bis 1965. Jost Hermand: Kultur im Wiederaufbau. Die Bundesrepublik Deutschland 1945–1965, München 1986. Zeitlich am weitesten (bis in die 90er-Jahre) reicht die Untersuchung über die Münchner Kulturpolitik von Damus (vgl. Anm. 8).

34 Klaus von Beyme: Kulturpolitik in Deutschland. Von der Staatsförderung zur Kreativwirtschaft, Wiesbaden 2012.

35 Gisela Schmirber/Ekkehard Mai (Hg.): Kunst und Manipulation – Die Moderne zwischen Markt und Meinung – (=Berichte und Studien der Hanns-Seidel-Stiftung e.V., Reihe Kulturpolitik 68), München 1994.

36 Städtische Galerie im Lenbachhaus: Joseph Beuys: zeige deine Wunde, Bd. 1, München 1980.

37 Städtische Galerie im Lenbachhaus: Joseph Beuys: zeige deine Wunde. Reaktionen, Bd. 2, München 1980.

38 Ökumenische Zeitschrift für Architektur und Kunst.

39 Franz Joseph van der Grinten: Joseph Beuys: Zeige deine Wunde, in: kunst und kirche, 2, 1980, S. 62–65.

40 Barbara Lange: Schwierigkeiten mit der Liebe zur zeitgenössischen Kunst: Der Streit um die Installation von Joseph Beuys ›zeige deine Wunde‹, in: Christian Drude/Hubertus Kohle (Hg.): 200 Jahre Kunstgeschichte in München. Positionen, Perspektiven, Polemik 1780–1980, München 2003, S. 239–248.

Kunst und Soziologie wurden lange nicht – bis in die 1960er-Jahre – im Zusammenhang betrachtet, obwohl ihre Wechselbeziehung heute evident erscheint.[41] Erste Schritte machen feministische Kunsthistorikerinnen, die sich für »machtkritische und geschlechtersensible Neuausrichtungen kunsthistorischer Forschung«[42] einsetzen. Einen frühen Beitrag liefert Renate Berger 1982, die über den Weg von Künstlerinnen des 19. ins 20. Jahrhundert als Kunst-Sozialgeschichte schreibt.[43] Die Kunstsoziologie wird heute vermehrt in die Kunstgeschichte miteinbezogen.

Einen Einstieg ins Thema bieten Jens Kastners Aufsatz über Kunstproduktion und soziale Bewegungen[44] sowie Jutta Helds und Norbert Schneiders Thesen über das soziale System der Kunst[45]. Als kunstsoziologisches Grundlagenwerk gilt Pierre Bourdieus Schrift über Kunst und Kultur.[46] Den aktuellen Stand der Kunstsoziologie als wissenschaftliche Methodik vermittelt Alfred Smudits 2014 publiziertes Lehr- und Handbuch.[47]

Grundlagen der Netzwerkanalyse als Forschungsrichtung der Soziologie bietet Dorothea Jansen mit ihrem Lehrbuch von 2006.[48] Die Netzwerkanalyse wurde bisher vorwiegend in Disziplinen wie Ethnologie, Kommunikationsforschung, Sozialpsychologie und Politikwissenschaft angewandt.[49] Ihre Berücksichtigung wäre durchaus auch in den Kunstwissenschaften von Interesse. Diesen Appell äußert Burcu

---

41 Jens Kastner: Kunstproduktion und soziale Bewegungen, in: Christian Steuerwald (Hg.): Perspektiven der Kunstsoziologie. Praxis, System, Werk, Wiesbaden 2013, S. 129–148, hier S. 131.

42 Ebenda.

43 Renate Berger: Malerinnen auf dem Weg ins 20. Jahrhundert. Kunstgeschichte als Sozialgeschichte, Köln 1982. Wurde aufgrund der zeitlichen Abweichung des Forschungsgegenstandes inhaltlich nicht berücksichtigt.

44 Kastner, in: Steuerwald 2013.

45 Held Jutta/Norbert Schneider: Grundzüge der Kunstwissenschaft. Gegenstandsbereiche – Institutionen – Problemfelder, Köln-Weimar-Wien 2007.

46 Pierre Bourdieu: Kunst und Kultur. Kunst und künstlerisches Feld (=Schriften zur Kultursoziologie 4, Bd. 12.2), hg. v. Franz Schultheis und Stephan Egger, Frankfurt am Main 2011.

47 Smudits u.a. 2014.

48 Jansen ^{3}2006.

49 Jansen ^{3}2006, S. 48.

Dogramaci im Kontext einer Tagung über Netzwerke des Exils, denn die Netzwerkbildung ist vor allem, aber nicht nur, für emigrierte KünstlerInnen von Bedeutung.[50]

50 Dogramaci/Wimmer 2011.

EINE MALERIN DER MÜNCHNER NACHKRIEGSKUNST

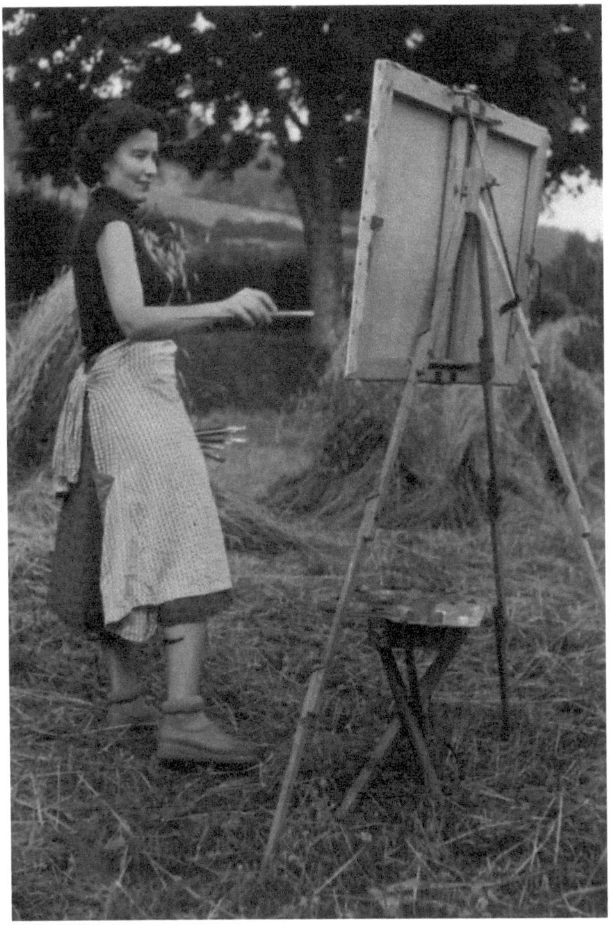

München in der vermeintlichen »Stunde Null«

Der unmittelbare Moment nach dem Ende des Zweiten Weltkriegs im Mai 1945 war eine von wirtschaftlichen, kulturellen und politischen Umbrüchen und Neuanfängen, aber keinesfalls von Stagnation geprägte Zeit.

Als gemeinsames Ziel der vier Siegermächte wurde zum Wiederaufbau eine Politik der Demokratisierung, der Entmilitarisierung und der Entnazifizierung beschlossen[51], die je nach Besatzungszone unterschiedlich ausgeführt wurde. Allgemeines Ziel des kulturellen Wiederaufbaus war es jedoch, die moderne, deutsche Kultur wieder zum Leben zu erwecken. Denn hier war viel von der nationalsozialistischen Regierung unterdrückt worden.[52] Hingewiesen sei auf die am 19. Juli 1937 eröffnete Ausstellung »Entartete Kunst« in München, in der in polemischer Absicht die aus deutschen Museen sequestrierten Werke gezeigt wurden, die nicht dem Kunstideal der nationalsozialistischen Regierung entsprachen. Sehr stark betraf dies expressionistische und abstrahierende Kunst. Diese Schau wirkte sich dementsprechend auf die allgemeine Kunstmeinung aus. Parallel dazu wurde auf der »Großen Deutschen Kunstausstellung« im »Haus der Deutschen Kunst« die von den Nationalsozialisten propagierte Kunst präsentiert. Diese thematisierte das Leben des einfachen arischen Volkes, von Familie und arbeitenden Bauern in idyllischer Atmosphäre, ästhetisierte Frauengestalten, aber auch mythologische Szenen oder arkadische Landschaften.

Dementsprechend herrschte nach 1945 laut zeitgenössischen Berichten in München, das sich in der amerikanischen Besatzungszone befand, eine sowohl skeptische als auch hoffnungsfrohe Stimmung.[53] Inmitten der Trümmerstadt und geistigen Orientierungslosigkeit kam

---

51 Doms 2004, S. 14.

52 Vgl. Hans-Joachim Hecker: Die Kunststadt München im Nationalsozialismus, in: Richard Bauer/Brigitte Schütz (Hg.): München – »Hauptstadt der Bewegung«. Bayerns Metropole und der Nationalsozialismus, Wolfratshausen 2002, S. 310–316, hier S. 317.

53 Eduard Trier: »Wie die Künstler angefangen haben…«, in: Borger/Mai/Waetzold 1991, S. 163–175, hier S. 163–164.

bei Kunstschaffenden wie auch beim Publikum der Wunsch nach kulturellem Leben und geistiger Auseinandersetzung bald wieder auf.[54]

Trotz der katastrophalen Arbeitsbedingungen – zerstörte Ateliers sowie fehlendes Arbeitsmaterial – gab es in München viele aktive Künstler[55]: Das Kunstschaffen stagnierte nicht, auch nicht in Kriegszeiten. Das Schicksal vieler Künstler war der Verlust der während des Krieges geschaffenen Kunstwerke. Dies betraf offenbar auch Bittner-Simmet, denn sie hatte »unter der verruchten Naziherrschaft viel verloren«.[56] Der Betrieb an der Akademie der Bildenden Künste wurde erst gegen Ende des Krieges durch einen schweren Bombenangriff unterbrochen[57] und bereits 1946 wieder aufgenommen[58].

Das Kunstschaffen folgte, nachdem die Unterdrückung und Bevormundung durch das NS-Regime endete, keinem einheitlichen Stil mehr: Einerseits fand eine Fortführung der traditionellen Stilrichtungen statt, die auch während des Krieges Gültigkeit besessen hatten, andererseits wurde an die unterbrochene Vorkriegsmoderne angeknüpft und diese weiterentwickelt. Eine totale Neuerfindung, wie man sie vielleicht vermuten würde, gab es nicht. Das in der Vergangenheit Erlebte kann nicht einfach ausgelöscht werden; es prägt den Menschen und gibt ihm zukunftsweisende Richtungen vor. Von der Situation einer »Stunde Null«, welche die Auffassung eines Stillstandes, eines Untergangs des Vergangenen und eines völligen Neuanfangs in sich trägt, kann also nicht die Rede sein. Kontinuitäten lassen sich, wie hier gezeigt, im Kunstschaffen, im Ausbildungsbetrieb und sogar im Kunstmarkt feststellen.

---

54 Dies betraf jegliche Bereiche der Kunst: Auch Konzerte, Theateraufführungen und Filmvorstellungen lebten wieder auf. Ende 1945 gab es bereits wieder 14 Kinos und 800 Gastspielstätten. Vgl. Stankiewitz 2013, S. 15.

55 Doms 2004, S. 62.

56 Hierzu: Oberpostmeister Wilhelm Meyer an Bittner-Simmet am 08.07.1945: »Aus ihrer freundl. Zuschrift, die ich erst heute beantworten kann, ersehe ich bedauernd, daß auch Sie unter der verruchten Naziherrschaft viel verloren haben.« (Korrespondenz; Magda/3; Stiftungsarchiv, im Folgenden MBS-Archiv genannt.)

57 Bis dahin fand regulärer Unterricht statt. Dies kann durch die Teilnahme Bittner-Simmets an der »Gaustudentenführung« von »Studentische[n] Kunst-Veranstalter[n] anlässlich der ›Tage studentischer Kunst 1941‹ [22.02.–16.03.1941]« in der »Staatsgalerie am Königsplatz« bestätigt werden. (Einladung; Werk/4; MBS-Archiv)

58 Doms 2004, S. 64.

Traditionalisten wie Avantgardisten existierten in München nebeneinander, wie durch die Präsenz von heterogen gestimmten Künstlervereinigungen sowie unterschiedlich konzipierte Ausstellungen in Museen und Galerien ersichtlich wird.

Bald nach Kriegsende gab es Galerien wie die »Schwabinger Kleine« (Galerie Baudenbach) und die Galerie Wimmer, die traditionelle alte und neue Münchner Kunst zeigten. Der Freitag-Verlag bildete den Brückenschlag zwischen Werken lebender Münchner Künstler und moderner, auch ausländischer Kunst der Vor- und Nachkriegszeit. Für die Sammlung und Präsentation moderner, zeitgenössischer Kunst zeichneten sich die Galerie Günther Franke und die Moderne Galerie Otto Stangl aus, die sowohl deutsche und internationale als auch progressive Kunst förderten. Darüber hinaus wurden sie zum Forum des Austauschs über zeitgenössische, avantgardistische Kunst.[59] In der Modernen Galerie Otto Stangl etwa bildete sich 1949 die abstrakt arbeitende Gruppe »ZEN 49«, die sich seit 1947 traf, um über neue Positionen der Malerei zu diskutieren. Zwei weitere kunstfördernde Personen, die bald nach Kriegsende tätig wurden, seien hier aufgrund ihres späteren Kontakts mit Bittner-Simmet erwähnt: Karin Hielscher, die in ihrer Galerie autodidaktische junge Kunst sowie amerikanische Kunstpositionen zeigte, was für München dieser Zeit sehr innovativ war.[60] Und der Künstler Oswald Malura, der mit seiner Galerie junge, unbekannte Künstler förderte.[61]

Das einzige Münchner Ausstellungsgebäude, das von Kriegszerstörung verschont blieb, war das Haus der Kunst. Daher konnten seine Räume für Ausstellungen der geretteten Bestände aller übrigen Kunsthäuser genutzt werden. 1946 wurden dort Teile der Bayerischen Staatsgemäldesammlung aus den zerstörten Pinakotheken gezeigt.[62] Im sel-

59 Doms 2004, S. 158.

60 Amerikanische abstrakte Kunst wurde erst viel später rezipiert. Vgl. Doms 2004, S. 168.

61 Stankiewitz 2013, S. 26.

62 Vor dem Beginn des Wiederaufbaus der Pinakotheken 1948/1949 wurde zur Auslagerung der wichtigsten Werke eine Wanderausstellung mit 200 Hauptwerken aus dem Bestand der Alten Pinakothek nach Brüssel, Amsterdam, Paris und London, 1949 dann auch nach Bern geschickt. Vgl. Zeitschrift für Bayerische Landesgeschichte, 15, 2, 1949. Zit. n. Ludwig Hollweck: Unser München. München im 20. Jahrhundert. Erinnerungen und Berichte, Bilder und Dokumente von 1900 bis heute, München 1967, S. 284.

ben Jahr war im Bayerischen Nationalmuseum »Bavarian Art of today« zu sehen. Vorher noch, im Dezember 1945, fanden die Ausstellungen »Meisterwerke der Süddeutschen Gotik« und die »Krippenschau«[63] statt, die bezeugen, dass sich das Münchner Publikum gerne an Traditionsreichem erfreute.

Im Juni 1947 zeigten die drei wirksamsten, nach dem Krieg wieder- oder neugegründeten Künstlervereinigungen, die Neue Münchener Künstlergenossenschaft (NMKG), die Münchner Sezession (MS) und die Neue Gruppe (NG), ihre erste Ausstellung in den wiederaufgebauten Räumen der Städtischen Kunstsammlung. Im Unterschied zu den zwei erstgenannten hatte die NG eine tolerantere Haltung gegenüber allen damaligen Stilrichtungen und öffnete sich für avantgardistische Strömungen, während sich die NMKG und MS weiterhin am konservativen Stil der Münchner Schule orientierten. Ab 1949 präsentierten sich die Mitglieder der Gruppierungen und die von ihnen ausjurierte KünstlerInnen dann im Haus der Kunst in der jährlich stattfindenden »Grossen Kunstausstellung München«. Diese Schauen vereinten Werke zeitgenössischer Künstlerpositionen, dementsprechend wichtig für die Reputation war eine Teilnahme daran.[64]

Im Sinne der internationalen Anbindung Deutschlands sowie der Entnazifizierung förderte die westalliierte Kunstpolitik progressive Kunst durch Überblicksausstellungen mit Werken internationaler wie auch deutscher Künstler. Als Zeichen ihrer Rehabilitierung waren dort vor allem expressionistisch arbeitende Künstler vertreten. Diese fanden jedoch außerhalb Münchens statt.[65] Die erste öffentliche Ausstellung moderner Malerei »Art Exhibition/Painting I–Kunst-Ausstellung/Malerei der Gegenwart I« fand noch 1945 im Palais Schäzler in Augsburg statt. Hier waren auch Münchner Künstler vertreten, deren Stil dem Expressiven Realismus zugeschrieben wird, beispielsweise Karl Caspar, Maria Caspar-Filser, Arnold Balwé, Remigius Netzer und Anton

63 Ebenda.

64 Auch Bittner-Simmet war einige Male vertreten, worüber im Kapitel 4 ausführlicher berichtet wird.

65 Auswahl: »Deutsche Kunst unserer Zeit« in Überlingen (1945), »Maler der Gegenwart I« in Augsburg (1945), »Erste Allgemeine Deutsche Kunstausstellung« in Dresden (1946), »Kunst der Gegenwart« in Kassel (1946), »Neue deutsche Kunst« in Konstanz (1946), »Maler der Gegenwart III: Extreme Kunst« in Augsburg (1947), »Deutsche Kunst der Gegenwart« in Baden-Baden (1947). Vgl. Doms 2004, S. 25.

Lamprecht.[66] Die Resonanz über die Ausstellungen war zwar groß, hatte aber wegen der desolaten Finanzsituation keine große Ankaufswelle zeitgenössischer Kunst zur Folge. »Die meisten kamen nicht, um sich gegen klingende Münzen ein Kunstwerk zu erwerben, sondern um zu schauen, zu genießen, ihre Kenntnisse und ihren Gesichtskreis zu erweitern.«[67]

Eine Reflexion der Münchner Nachkriegskunst zeigt, dass sich die Wahrung der Tradition mit der Innovation ungefähr im Gleichgewicht hielt. Bittner-Simmet ist auf der konservativen Seite zu verorten. Zu begründen ist dies wohl durch ihre Ausbildung an der Akademie während der Zeit des Nationalsozialismus, wodurch ihre Arbeit stark ideologisch zensiert wurde. Seit 1933 waren Professoren für moderne Kunst an der Münchner Akademie für Bildende Künste zunehmend abgesetzt und durch konservative ersetzt worden. Dies änderte sich erst wieder ab 1948 mit Josef Henselmann als Präsident, der sich für die Förderung eines progressiveren Kunstschaffens einsetzte.[68]

Nach dem Krieg war bei Magda Bittner-Simmet, wie bei vielen anderen auch, eine Improvisation der Alltagsbewältigung gefordert, auch beruflich. Bestärkt durch ihre Mentorin und »unvergessene Lehrerin« Prof. Else Brauneis[69] erwirtschaftete sie einen Teil ihres Unterhalts durch den Verkauf von Zeichnungen und vor allem Aquarellen, einer von ihr bevorzugten Technik. Die Erlaubnis, Porträtaufträge US-amerikanischer Offiziere durchzuführen, bedeutete eine sichere Einnahmequelle wie auch Zugang zu kaum erhältlichen Malmitteln.[70] Des Weiteren erteilte sie Malunterricht. Zur beruflichen Absicherung trat

---

66 Doms 2004, S. 63–64.

67 Hans Eckstein: 25 Jahre Galerie Günther Franke, in: SZ vom 15.11.1947, S. 2. Zit. n. Doms 2004, S. 160.

68 Vgl. Doms 2004, S. 76. Weitere Versuche des Anschlusses an innovativere Kunsttendenzen fanden 1951 mit der Berufung Ernst Geitlingers und 1957 mit der Präsidentschaft von Sep Ruf statt. Vgl. Doms 2004, S. 79.

69 In »Fest der Farbe« (Bd. 2) schreibt Bittner-Simmet selber über »die Empfehlung meiner unvergessen Lehrerin, Frau Prof. Else Brauneis, die mir ans Herz legte, das Aquarell nie zu vernachlässigen, da ich dafür eine besondere Begabung hätte«. Vgl. Bittner-Simmet 1993, S. 11.

70 Ein Schreiben eines gewissen Otto B. Reinemund vom 7. September 1945 bescheinigt den Auftrag Bittner-Simmets, ihn und weitere US-amerikanische Offiziere zu porträtieren. (Magda/3; MBS-Archiv)

Bittner-Simmet im Jahre 1946 dem bereits im Mai 1945 gegründeten Berufsverband Bildender Künstler (BBK) bei[71], der sich für die wirtschaftliche und rechtliche Vertretung der Künstler gegenüber Stadt und Staat einsetzte.[72]

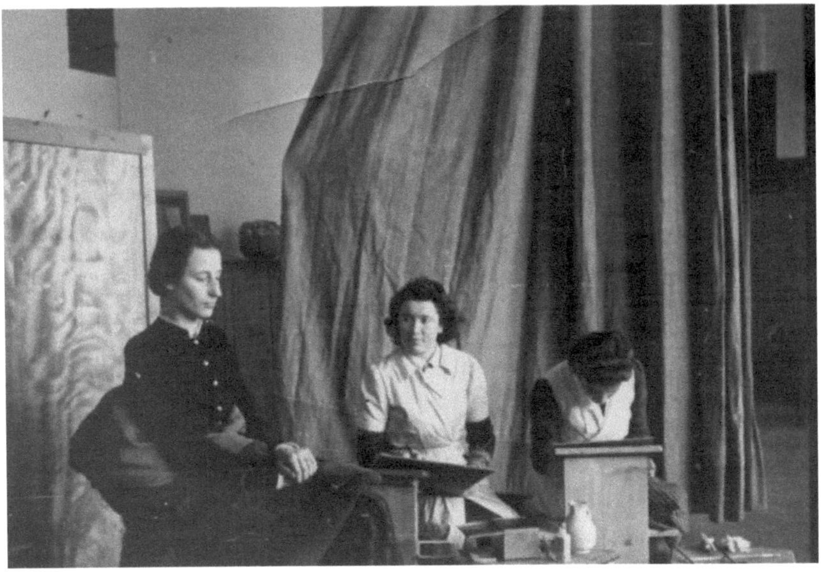

5: Porträtstudien an der Kunstakademie München

Zwei Jahre nach Kriegsende bezog sie ein selbst ausgebautes Atelier in der Leopoldstraße 38. Dort entstand als erste Arbeit das Doppelporträt ihres im selben Jahr verstorbenen Ehemannes Max Bittner und ihrer selbst (Abb. 6).

71 Aufnahmedatum laut Mitgliedsausweis: 07.04.1946 (Magda/1; MBS-Archiv)

72 Dies betraf zunächst gleichermaßen die Materialzuteilung, die qualitative Einordnung von Künstlern wie die wirtschaftliche Interessenwahrung, nach einiger Zeit dann auch die Ausführung von Ausstellungen und Hilfestellung bei städtischen Förderungsansuchen. Vgl. Krauss 1985, S. 223–226.

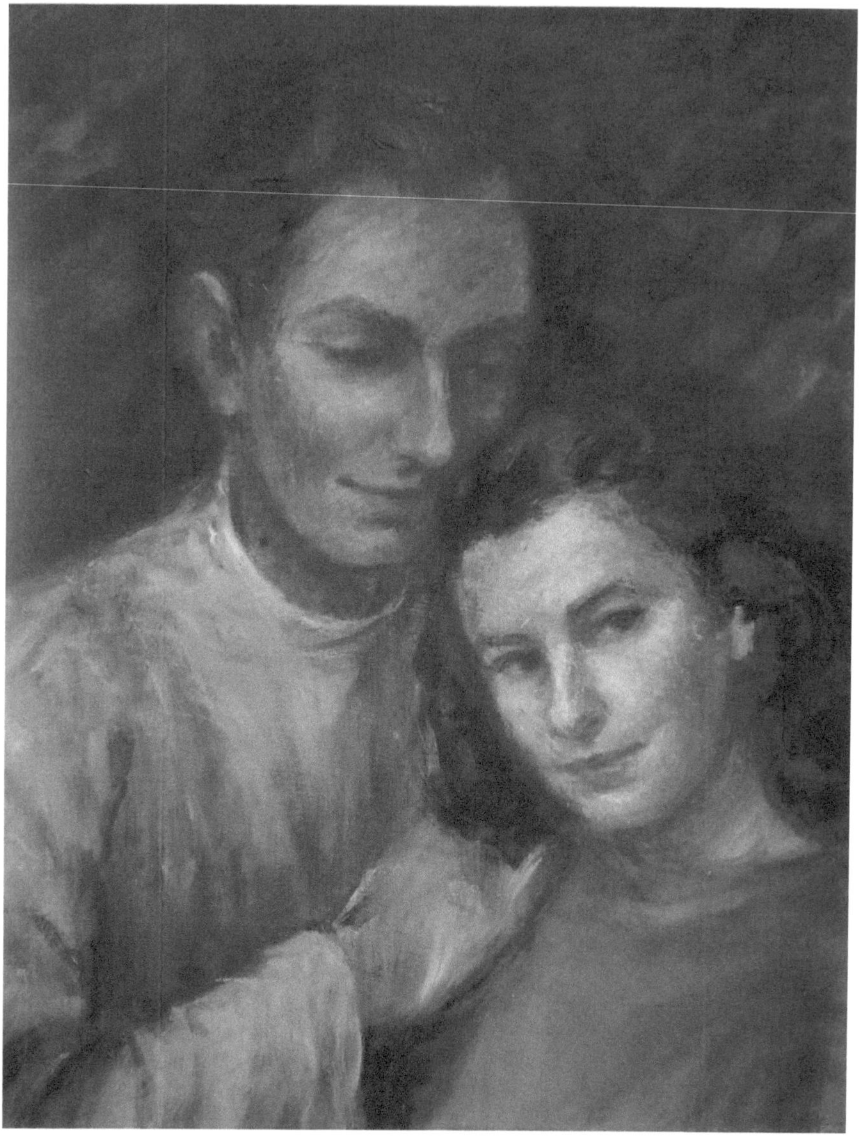

6: Doppelporträt mit ihrem verstorbenen Ehemann Dr. Max Bittner, 1948

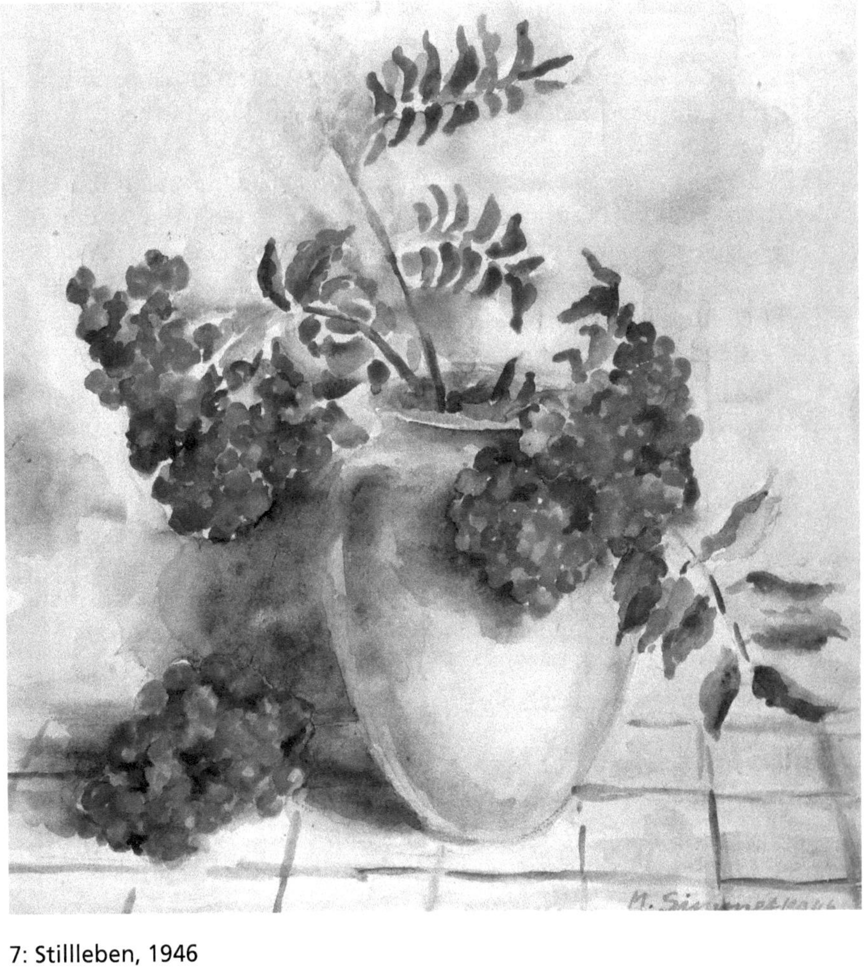

7: Stillleben, 1946

Kontinuität im Nachkriegsschaffen von Bittner-Simmet

Den an der Akademie entwickelten Stil dunkeltoniger, gegenständlicher Malerei in der Tradition der Münchner Schule behielt Bittner-Simmet nach Abschluss der Akademie 1944 auch in der Zeit nach Kriegsende bei.[73] Den Auftakt zur Serie von Porträts bildet das Auftragsporträt des Abtes Jakobus Pfättisch vom Kloster Plankstetten (Abb. 8 und 9).

Stilistisch schließt es sich an das erwähnte Doppelporträt (Abb. 6) an: realistisch und konservativ. Die Kontinuität zwischen dem Schaffen ihrer Ausbildungszeit und jener Zeit der künstlerischen Befreiung liegt erstens an ihren Fähigkeiten und zweitens an der Anpassung an die Sehgewohnheiten des breiten Publikums, das sich nach dem Krieg erst wieder an die Formensprache der Moderne gewöhnen musste. Das Bedürfnis nach kritischem Realismus war gering. Gefragt waren erfreulichere, profane Bildthemen wie Landschaften, Genrebilder und Porträts, die Bittner-Simmet nach Kriegsende lieferte.[74]

Anfang der 50er-Jahre bahnte sich dann auch bei Bittner-Simmet eine förmliche Befreiung und farbliche Entfaltung an, was zum tonangebenden Stil für ihr restliches Schaffen avancierte. Sie übertrug die spontanen, zügig gesetzten Pinselstriche und leuchtenden Farben ihrer Aquarelle auf ihre Malweise in Öl.[75]

Diese Entwicklung lässt sich am Vergleich des Aquarells »Tegernsee mit Hirschberg« von 1949 (Abb. 12) und des im selben Jahr entstandenen »Selbstbildnis im Freien« (Abb. 10) mit dem Aquarell »Fischerboote mit aufgespannten Netzen« von 1954 (Abb. 13) und dem Por-

---

73 Abgangszeugnis vom 20.11.1944. (Magda/1; MBS-Archiv) Es ergibt sich eine zeitliche Inkongruenz zwischen Studienabschluss und Wiederaufnahme der künstlerischen Tätigkeit: Was Bittner-Simmet zwischen November 1944 und 1947 tat, ist noch nicht vollständig geklärt. Vor Eintritt in die Akademie besuchte sie nachweislich für einige Zeit die Münchner Meisterschule für Mode. Während und nach der Zeit an der Akademie besuchte sie auch Vorlesungen in Englisch und Kunstgeschichte. 1951 begab sie sich zur Vertiefung der Bildnismalerei noch einmal zu Prof. Hans Gött an die Akademie.

74 Hermand, in: Borger/Mai/Waetzold 1991, S. 135–162, hier S. 135.

75 Sie selbst gibt an, dass sich das Aquarell als richtungsweisend für ihren Stil der Ölmalerei erwiesen hätte. Vgl. Bittner-Simmet 1993, S. 10.

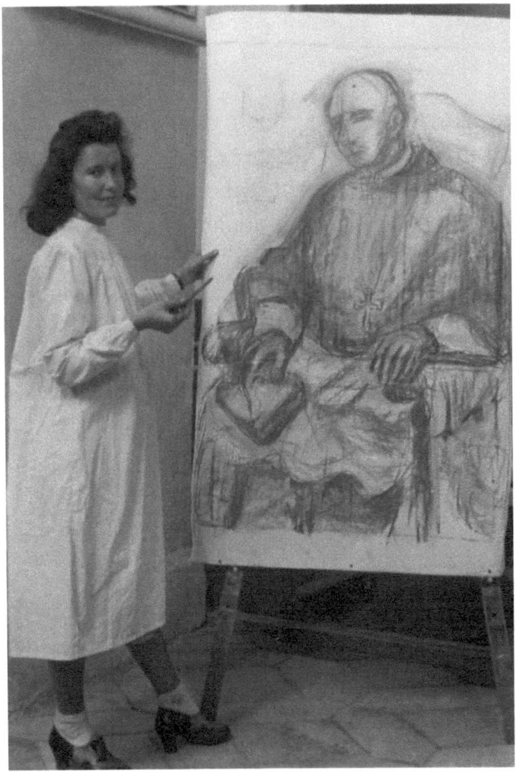

8 und 9: Der erste öffentliche Porträtauftrag: Abt Jakobus Pfättisch von Plankstetten, 1948

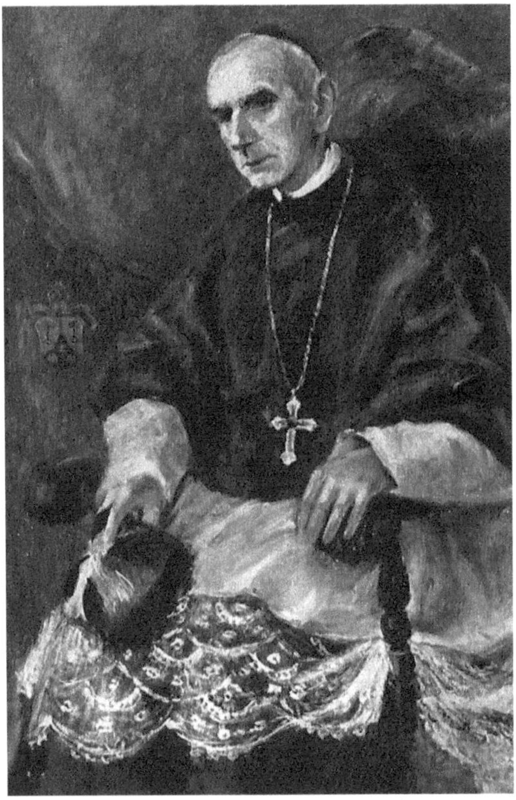

trät »Junge Italienerin« von 1956 (Abb. 11) nachvollziehen. Neben der verstärkten Lockerheit im Pinselstrich fällt die gesteigerte Farbigkeit auf, wozu sie wohl durch das kräftigere Licht Italiens inspiriert wurde. Dabei bewahrte sie konsequent die gegenständliche Ausdrucksweise.[76] Beibehalten wurde auch das traditionelle Handwerk, das sie an der Akademie erlernt hatte und akribisch verfolgte: Das Abstimmen des richtigen Farbtons beim Anrühren der Farben oder das Mischverhältnis ihrer Grundierung, das sie bis zum Lebensende geheim hielt.

Die Ausprägung des Stils Bittner-Simmets vollzog sich also nicht unmittelbar mit dem Beginn der politischen und künstlerischen Freiheit und somit gleich nach Abschluss der Ausbildung, sondern etwas später.

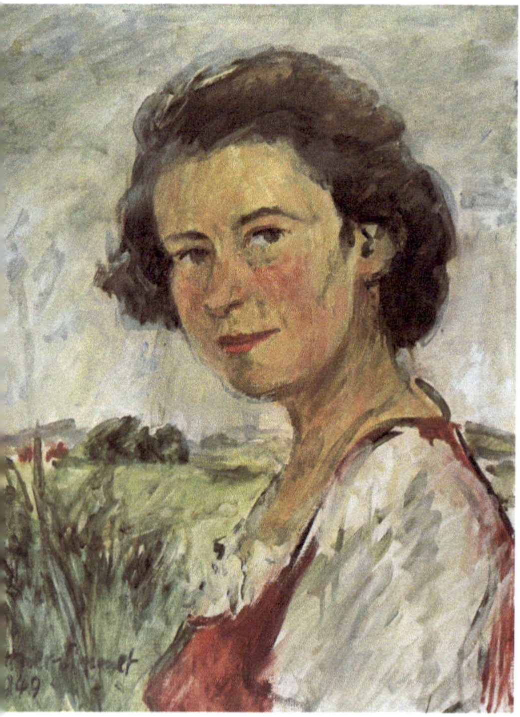

10: Selbstbildnis im Freien, 1949

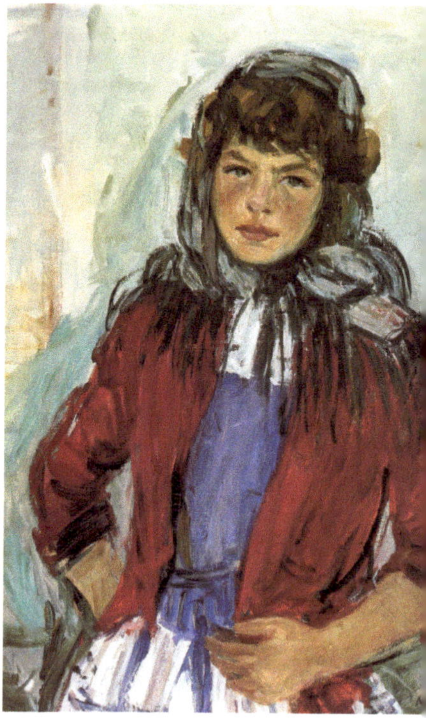

11: Junge Italienerin, 1956

[76] Bittner-Simmet setzte sich politisch für die Gruppe gegenständlich arbeitender Künstler ein. Mehr dazu in Kapitel 5, »Positionierung im kunst- und kulturpolitischen Kontext«.

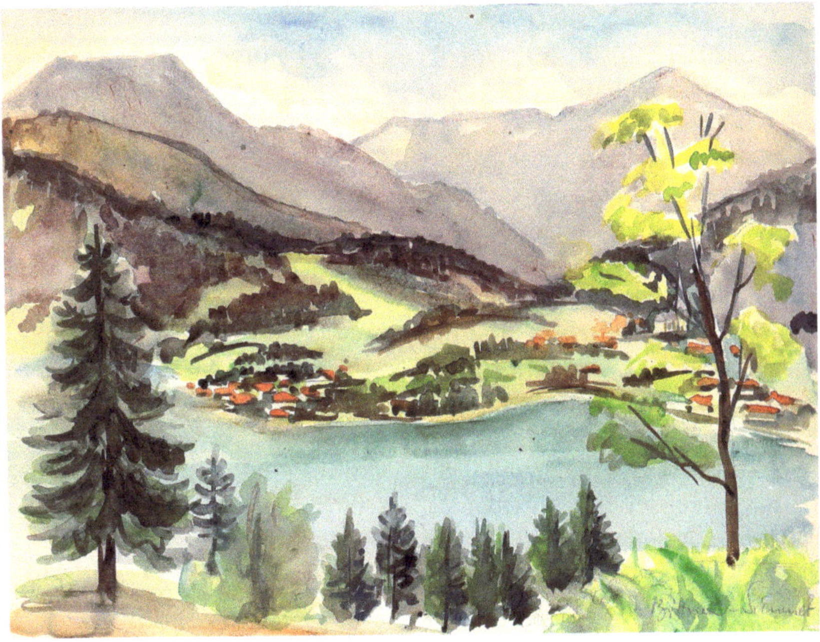

12: Tegernsee mit Hirschberg, 1949

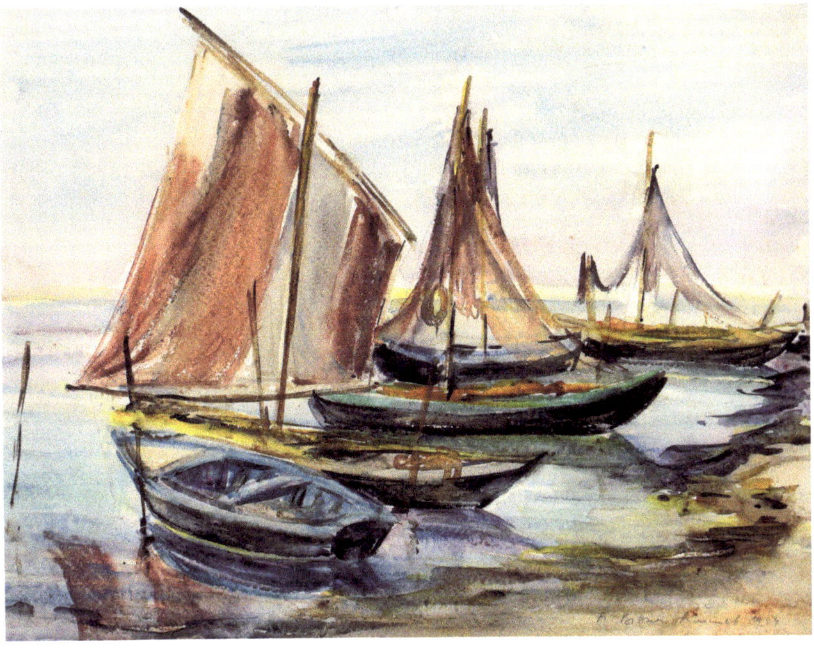

13: Fischerboote mit aufgespannten Netzen, 1954

Um ihren Stil kunsthistorisch einzuordnen, könnte er in den stilistischen Zusammenhang des »Expressiven Realismus«[77] gebracht werden. Kurz gesagt, bezeichnet er eine subjektive Deutung der sichtbaren Wirklichkeit in expressiver Ausdrucksform – eine mildere Form des Vorkriegs-Expressionismus, der nach Kriegsende wieder aufgenommen wurde. Die hypothetische Zuordnung Bittner-Simmets zu den Expressiven Realisten wird einerseits durch den Rückgriff auf dieselben Vorbilder wie Corinth und Munch[78], andererseits im stilistischen Vergleich mit Kollegen sichtbar, die in der Liste Zimmermanns aufscheinen: Anton Lamprecht[79] (Abb. 14), Oskar Coester (Abb. 15) oder Hedwig von Branca (Abb. 16). Ihnen gemein ist der farbig laute und kräftig gesetzte Pinselduktus einer noch erkennbaren Realität.

Als Vertreter der gegenständlichen Malweise standen die Expressiven Realisten der fortschreitenden abstrahierenden Tendenz kritisch gegenüber. Auf der Biennale in Venedig 1948 wurde die Vorkriegsavantgarde präsentiert. Die allgemeine Akzeptanz abstrakter Kunst erfolgte dann endgültig durch die 1955 stattfindende documenta I als Zeichensetzung einer Demokratisierung und Verabschiedung von figurativen Positionen: Arnold Bode und Werner Haftmann postulierten die Abstraktion als Höhepunkt des modernen Kunstschaffens.

---

77 Rainer Zimmermann griff den schon von Hans Sedlmayr erwähnten Begriff für sein Werk über die »verschollene Generation« wieder auf, wodurch er ihn in der Kunstgeschichtsschreibung festigte. In seine Liste nahm Zimmermann zwischen 1890 und 1905 geborene Künstler auf. Bittner-Simmet zählte sich dennoch anscheinend selbst dazu. Siehe hierzu: Paul Wittmann (Sohn der Malerin Karoline Wittmann, die der »Verschollenen Generation« zugehörig war und gemeinsam mit Bittner-Simmet in der Künstlerinnenvereinigung GEDOK München e.V. tätig war) an Bittner-Simmet am 22.12.2006: »Sie hatten mich vor einigen Jahren hingewiesen auf die »verschollene Generation«, die keine Chance gehabt haben auf dem Kunstmarkt nach dem 2. Weltkrieg Erfolg zu erhalten, weil die Abstrakten in Mode kamen. Zurzeit werden in Ander noch 3 Maler ausgestellt, die dieser Zeit u. Schicksal angehören. Sie bzw. Ihre Bilder gehören sicher auch dazu.« (Magda/3; MBS-Archiv)

78 Vgl. Bittner-Simmet 1993, S. 25 und Zimmermann 1994, S. 71–80.

79 Mit Lamprecht unternahm Bittner-Simmet mehrere Studienreisen nach Italien, wonach sie ihm aber Stil- und Motivraub vorwarf. Sie benutzte ihn als »Koffer- und Staffeleischlepper« und, obwohl er sie heiraten wollte, gingen sie bald getrennte Wege. Vgl. Zeitzeugenbericht von Gubalke 2013. Marit Gubalke ist Tochter der befreundeten Familie Gubalke, mit der sie gemeinsame kulturelle Unternehmungen tätigte, etwa Ausstellungsbesuche und Feste im Haus der Kunst. Lamprecht und Bittner-Simmet waren auch auf der Kunstaustellung »Ständige Ausstellung von zeitgenössischen Werken der bildenden Kunst« im Universa-Haus in Nürnberg im April 1953 gemeinsam vertreten.

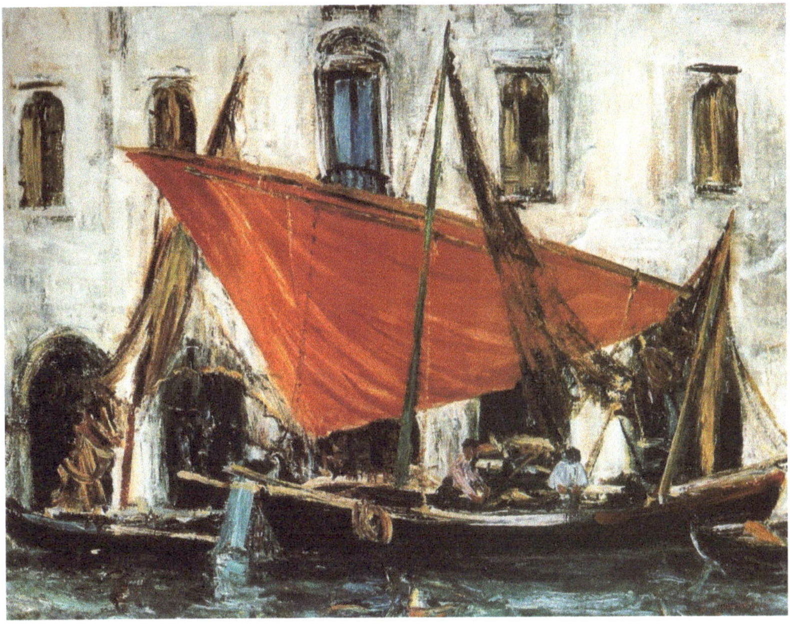

14: Anton Lamprecht: Rotes Segel mit blauem Fenster, 1953

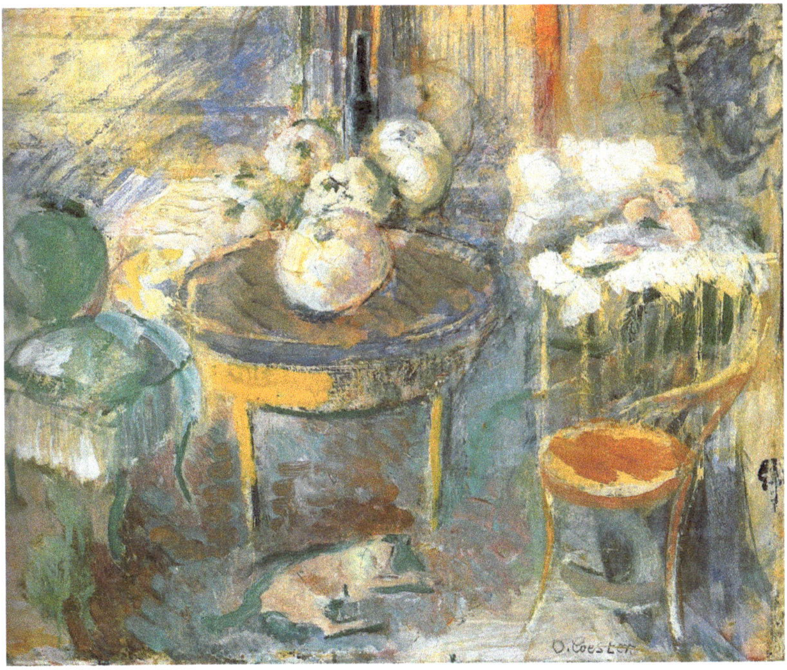

15: Oskar Coester: Apfeltraum, 1925

Der abstrahierende und abstrakte Stil festigte sich im Bewusstsein – nicht zuletzt durch die politische und private Förderung[80] – und bestimmte von nun an für die nächsten 15 Jahre das Kunstgeschehen in Deutschland.

> *»Länger als 50 Jahre hält sich in unserer Zeit keine Kunstrichtung. Ich glaube, daß die gegenstandslose Kunst im natürlichen Abflauen begriffen ist. Es wird langweilig. Nur geht das nicht von heute auf morgen. Die internationalen Kunsthändler haben schließlich einiges investiert.«*[81]

Gegenständlich arbeitende Künstler, die nun als überholt und nicht mehr zeitgemäß galten, sahen sich durch die zunehmende Förderung progressiver Kunst in die Ecke gedrängt. Kunstkritiker beteiligten sich an der entfachten Grundsatzdiskussion über neue Wege in der Kunst, wo sich auch wieder Befürworter der Tradition und jene der Innovation antipodisch gegenüberstanden. Dies zeigte sich beispielsweise auf der Deutschen Kunsthistorikertagung in München 1950, auf der Werner Haftmann und Hans Sedlmayr[82] mitdiskutierten[83], bei diversen Vorträgen[84] oder in den Medien:

---

80 Staatliche Ankäufe, Vergabe von öffentlichen Kunstpreisen und private Förderung u.a. durch den Bundesverband der deutschen Industrie. Vgl. Doms 2004, S. 43. Bald auch Zunahme privater Sammler und massive Förderung durch die kommunalen Verwaltungsapparate »Kulturkreis« des »Bundesverbands der deutschen Industrie«. Vgl. Hermand, in: Borger/Mai/Waetzold 1991, S. 135–162, hier S. 154.

81 Äußerung des Direktors der Münchner Städtischen Galerie Arthur Rümann in »Der Stern«, Nr. 29/1953: Zit. n. Von Atelier zu Atelier. Mitteilungsblatt der Bildenden Künstler, 5, 1953, Hamburg, S. 59. (Zeitschrift; Kontext/6; MBS-Archiv)

82 Vgl. Hans Sedlmayrs Werk »Verlust der Mitte«, 1948 erschienen.

83 Dorothee Wimmer: Die »Freiheit« der Kunst im westlichen Nachkriegsdeutschland: »Das Kunstwerk« als Forum der Kunstgeschichte, in: Nikola Doll (Hg.): Kunstgeschichte nach 1945. Kontinuität und Neubeginn in Deutschland (=Bonner Beiträge zur Kunstgeschichte 3), Köln-Weimar-Wien 2006, S. 137–148, hier S. 143.

84 Hierzu stattfindende Vorträge: »Die Krisis in der Kunst« von Emil Preetorius 1946 und »Problematik der Gegenwartskunst« von Wilhelm Worringer 1948. Vgl. Doms 2004, S. 174. Im MBS-Archiv befindet sich die Abschrift des Vortrages von Hans Münch »Die gegenstandslose Kunst – Ein Denkfehler«, gehalten im Kurhaus zu Baden-Baden am 25.01.1959. (Kontext/5; MBS-Archiv)

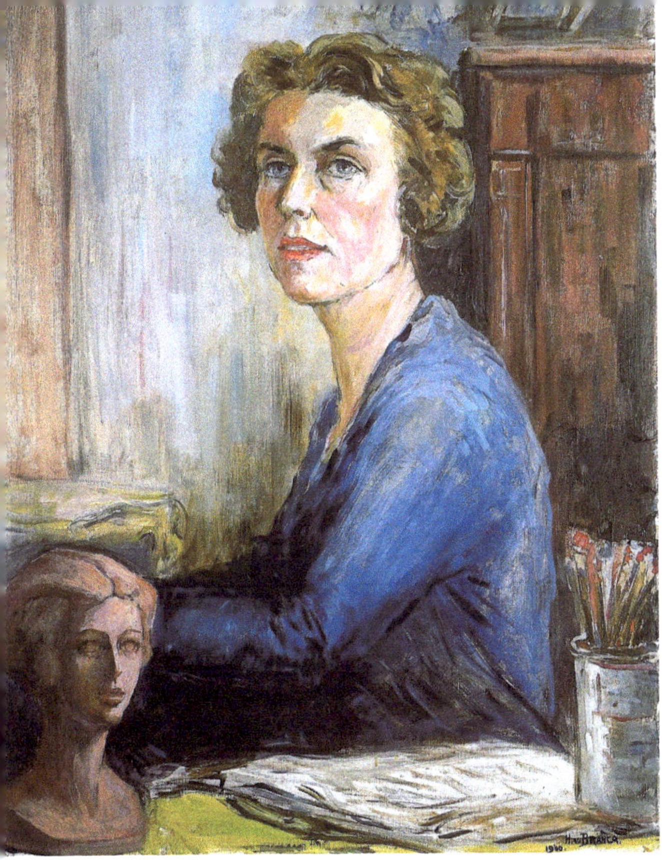

16: Hedwig von Branca: Selbstporträt, 1969

17: Porträt der Bürgermeistergattin Ilse Vogel, 1960

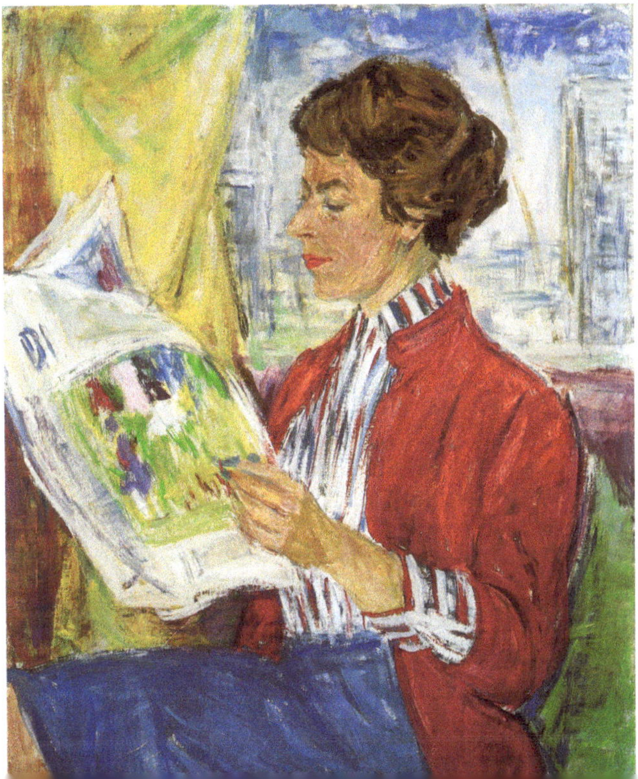

»Man muß das Publikum fragen, ob es wieder bei 'ner Ölfunzel sitzen und mit 'ner Postkutsche nach Italien fahren will. Wenn nein, darf es auch nicht mehr nach Spitzweg und Grützner schreien. Wenn es könnte, wie es wollte, würde es auch in der Kunst wieder nazistisch wählen. Das Publikum muß man nicht nur zwingen, sondern es jeden Tag mehrmals mit dem Holzhammer auf den Kopf schlagen.«[85]

(Über)lebensbedingungen als »Akademische Kunstmaler*in*«

Bereits kurz vor 1900 traten vermehrt Bewegungen auf, die sich für die Gleichberechtigung von Frauen einsetzten.[86] In München waren es insbesondere Anita Augspurg, Lida Gustava Heymann, Rosa Kempf, Ika Freudenberg, Luise Kiesselbach, Sophia Goudstikker, Ellen Amman und Margarethe L. Selenka, die das öffentliche Wahlrecht und den Zugang für Frauen an der (damals noch so bezeichneten) Königlichen Akademie der Bildenden Künste ab 1919 durchsetzen konnten.[87] 20 Jahre später geschriebene Texte bezeugen, dass dies zunächst nur vereinzelte Schritte in Richtung Gleichstellung waren und die allgemeine Meinung über die soziale Rolle der Künstlerin noch anders aussah: Wenn sich Frauen künstlerisch betätigten, seien sie hauptsächlich für das Kunsthandwerk zuständig, falls Malerei, dann für Bildnismalerei und Blumenstillleben. Zur Sicherung des Unterhalts war es üblich, nebenher noch Malunterricht zu geben. Max Struppe spiegelt 1943 in seinem Text »Die künstlerisch schaffende Frau« die gültige Meinung über Frauen als Künstlerin wider: »Schließt nun diese Aufgabe der Frau [im Kunsthandwerk] sie aus, auch tätig einzutreten in

---

85 Will Gromann, in: »Der Stern« Nr. 29/1953, Zit. n. Von Atelier zu Atelier. Mitteilungsblatt der Bildenden Künstler, 5, 1953, Hamburg, S. 59. (Zeitschrift; Kontext/6; MBS-Archiv)

86 Ziele waren die Erringung von staatsbürgerlichen und gesellschaftlichen Rechten sowie die Möglichkeit zur Ausbildung insbesondere an Universitäten.

87 Vortrag von Zara S. Pfeiffer im Rahmen der Ausstellung »Ab nach München! Künstlerinnen um 1900« am 17.09.2014 im Stadtmuseum München.

die Traumwelt frei gestaltender Kunst? Ist ihr Wille, auch Künstlerin zu sein oder zu werden, gar eine Abirrung oder Gefahr?«[88]

Als Magda Bittner-Simmets Karriere begann, war der Unterschied der gesellschaftlichen Stellung weiblicher und männlicher Kunstschaffenden immer noch groß, was Herbert Hohenemsers einleitende Gedanken zur Eröffnung der GEDOK-Ausstellung 1958 anlässlich der 800-Jahr-Feier Münchens bestätigen:

»Die Rolle der Frau war in der Geschichte unserer abendländischen Kunst die allerlängste Zeit höchst bescheiden. Die Frau hatte in dieser Geschichte kaum mehr als zwei Funktionen: Anregerin zu sein und Thema. Die aktive Teilnahme der Frau am öffentlichen Leben und somit auch am Kunstleben hat eigentlich erst im 19. Jahrhundert richtig eingesetzt, und dann sind im 20. Jahrhundert so viele Frauen auf so vielen Gebieten der Kunst und der Wissenschaft schöpferisch hervorgetreten und in Spitzenpositionen eingerückt, daß wir heute – trotz dieser im Vergleich zu unserer Kulturgeschichte so minimalen Zeitspanne – schon beinahe nicht mehr verstehen können, wieso die Rolle der Frau im öffentlichen Wirken eigens betont werden muß. Wer das aber annimmt, unterliegt einer optischen Täuschung. Die Frau ist in diesem Zeitalter, wo so viel von Freiheit, Menschlichkeit und Gleichberechtigung gesprochen wird, weitgehend überhaupt noch nicht in der Lage, sich an den schönen Resultaten dieser Forderungen zu erfreuen [!]. Es sind vor allem soziologische Gründe, die zu dieser Situation geführt haben.«[89]

An den Akademien und Kunstschulen gab es kaum weibliche Lehrende, Künstlerinnen waren auf Ausstellungen schwach vertreten und wurden seltener von öffentlichen und privaten Sammlungen angekauft. Auch bei der Teilnahme an Wettbewerben und Ausschreibungen für Kunstpreise überwogen die männlichen Kollegen.[90]

---

88 Max Struppe: Die künstlerisch schaffende Frau, 1943, in: Muysers 1999, S. 253–256, hier S. 254.

89 Vgl. Begleitheft Ausstellung (Werk/4; MBS-Archiv) Hohenemser war Kulturreferent der Stadt München von 1956–1976. Im Folgenden Hohenemser genannt.

90 Uta Grosenick: Women Artists. Künstlerinnen im 20. und 21. Jahrhundert, Köln 2001, S. 15.

Frauen blieben in Künstlerkreisen immer noch Randfiguren und konnten nur als Künstlerinnen arbeiten, wenn sie nicht von ihrer Arbeit leben mussten.[91]

Um ihr Einkommen zu sichern, musste sich auch Bittner-Simmet um anderweitige Aufträge umsehen, die von Zeichen- und Schönschriftunterricht bis zur kommerziellen Gebrauchskunst reichten: Nach ihrer Ausbildung zur Kurz- und Schönschriftlehrerin unterrichtete sie an der Schule und gab privaten Zeichen- und Malunterricht für Kinder und Erwachsene und dies bis ins hohe Lebensalter. Ihre zweigleisige Ausbildung für bildende sowie für angewandte Kunst ermöglichte das Produzieren von »Gebrauchskunst«.[92] Dennoch bevorzugte sie die Arbeit als freie Malerin und bezeichnete sich auf ihren Visitenkarten selbstbewusst als »Akademische Kunstmalerin« – stets in weiblicher Form! Bittner-Simmet war als junge Witwe – ihr Mann war kurz nach der Eheschließung 1947 tragisch verstorben – auf die selbständige Sicherung ihres Lebensunterhaltes angewiesen.

Wie viele ihrer Kolleginnen und Vorgängerinnen, etwa Gabriele Münter oder Marianne von Werefkin[93], um im Münchner Umfeld zu bleiben, nutzte sie den Kontakt zu männlichen Kollegen für ihren Erfolg. Bittner-Simmet äußerte sich des Öfteren über die herrschenden Ungerechtigkeiten in der Kunstwelt gegenüber Frauen. Es sei schwer, sich in der männlich dominierten Kunstszene durchzusetzen und beispielsweise einen Platz in den jährlichen Gruppenausstellungen im Haus der Kunst zu ergattern.[94] Zur Unterstützung in ihrer Rolle als Frau in der Kunstwelt schloss sie sich einer Vereinigung ausschließlich für Künstlerinnen an, die GEDOK (Gemeinschaft Deutscher und Oesterreichischer Künstlerinnenvereine aller Kunstgattungen e.V.), die sich für die Interessen der Künstlerinnen sowohl im Wirtschaftsleben als auch in Frauenfragen einsetzt.

---

91 Beyme von 2005, S. 125–128.

92 Soweit bisher erforscht, fertigte Bittner-Simmet in Auftragsarbeit Illustrationen für eine Schwabinger Wochenschrift, Ex-Libris, Geburtsanzeigen in Holzschnittverfahren, Wandteppiche, einen Firmen-Schriftzug für die Tanzschule Hasting und einen Entwurf für die Wandbemalung eines Trinkstüberls.

93 Dollen von der 2000, S. 27.

94 Vgl. Zeitzeugenbericht von Gubalke 2013.

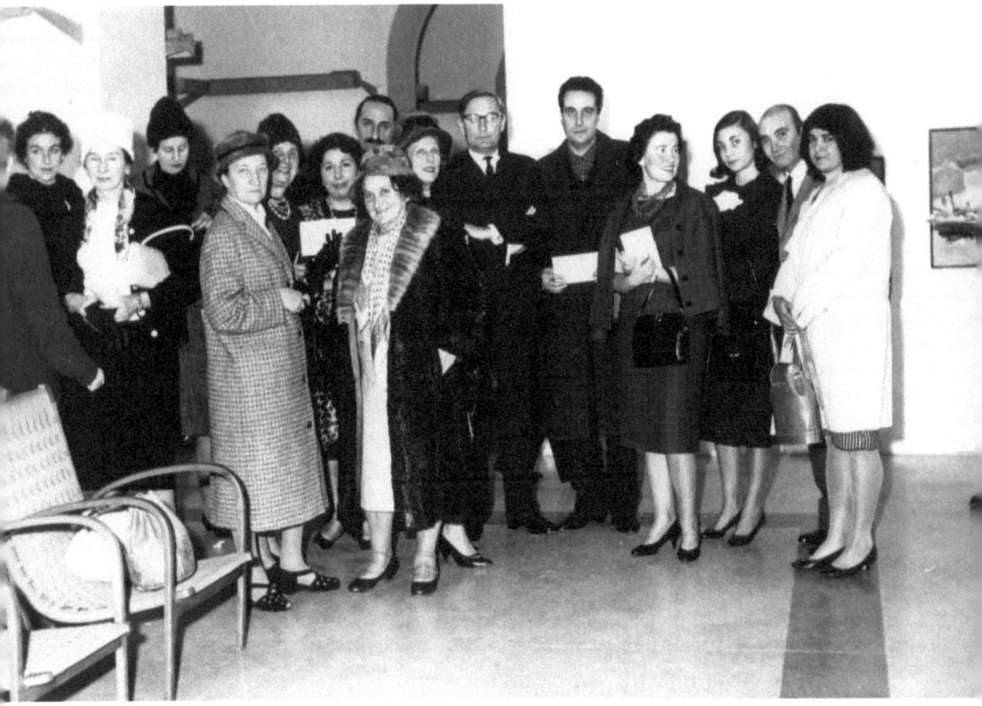

18: Mit Malerkolleginnen der GEDOK in Rom, 1961

Ab 1959 war sie dort als zweite, dann ab 1960 bis 1963 als erste Vorsitzende tätig. Als »erste Vorsitzende« setzte sie sich für den Beitritt ihrer Zeitgenossinnen Maria Caspar-Filser, Paula Wimmer, Marianne Henselmann und Daisy Campi-Euler sowie Gabriele Münter als Ehrenmitglieder ein.[95]

Die in Frankreich seit 1881 bestehende Union des Femmes Peintres et Sculpteurs verfolgte ein ähnliches Ziel wie die GEDOK, nämlich die Förderung unterprivilegierter Künstlerinnen:

95 Die Bezeichnung ihrer Position als »Vorsitzende« ist zitiert nach: Bittner-Simmet 1986, S. 18 und S. 160. Im Protokoll der Mitgliederversammlung von 1959 ist ihre Wahl zur 1. Vorsitzenden der Fachgruppe Malerei vermerkt. Vgl. Magda Bittner-Simmet 1986, S. 18.

»Die Künstlerin ist eine ignorierte Kraft, verkannt, gehindert in ihrem Aufschwung! Ein besonderes soziales Vorurteil lastet schwer auf ihr, und dennoch wächst jährlich die Zahl der Frauen, die sich der Kunst widmen, mit beängstigender Geschwindigkeit: ich sage beängstigend, weil die Resultate so vieler Anstrengungen oft schwach oder lächerlich sind, was aber darin begründet ist, daß unsere Institutionen noch immer nichts unternehmen für die große Kultur dieser eifrig arbeitenden Intelligenzen.«[96]

Auch mit dieser Vereinigung stand Bittner-Simmet in Kontakt.[97] Außerdem war sie Mitglied bei weiteren Vereinen, die sich für Künstlerinnen einsetzten, nämlich beim Künstlerinnen-Verein München e.V. und beim Deutschen Lyceum Club mit dem Ziel der »Förderung von Verbindungen zwischen geistig schaffenden Frauen aller Nationen, die sich für den Fortschritt in der Literatur, im Zeitungswesen, der Wissenschaft, der öffentlichen Wohlfahrt, der Künste und der Musik interessieren«.[98]

Ende der 60er-Jahre erlebte der Feminismus in der Kunst eine Aufbruchsstimmung: Künstlerinnen organisierten eigene Ausstellungen, selbstverwaltete Galerien und autonome Kunstklassen.[99] Dies kann auch bei Bittner-Simmet beobachtet werden, wie in Kapitel 4 über ihre Ausstellungstätigkeit deutlich wird.

In den 80er-Jahren herrschte noch allgemeine Enttäuschung über die Langwierigkeit des sexuellen Differenzierungsprozesses und über die noch nicht realisierte Emanzipation im Kunstkontext.[100] Eine Großveranstaltung zum Thema Frauen in der aktuellen Kunst (»Kunst und/von Frauen«) 1982 und 1983 in München sollte auf die missliche Lage der Künstlerinnen aufmerksam machen. Angeprangert wurde

---

96 Zitat der ersten Präsidentin, Lèon Bertaux: Vgl. Edouard Lepage, Une conquête féministe: Mme Léon Bertaux, Paris 1911, S. 46. Zit. n. Bätschmann 1997, S. 154.

97 Teilnahme an Gruppenausstellung (24.07.–09.08.1959) in der Münchner Staatsbauschule, organisiert von GEDOK in Verbindung mit Union des Femmes de Peintres et Sculpteurs sowie an »Les Semaines Internationales de la femme« (1968–1970).

98 Club-Unterlagen (Magda/1; MBS-Archiv)

99 Grosenick 2001, S. 15.

100 Ebenda.

dabei unter anderem die fehlende Einladung einer Münchner Künstlerin zur Schau »Aktuell '83« im Lenbachhaus.[101]

Aus dem zeitgenössischen Bericht über die Präsenz von Künstlerinnen in der Münchner Szene schreibt Weskott 1988, dass Künstlerinnen in voller Bandbreite vorhanden wären, jedoch in großen Ausstellungshäusern, wie etwa dem Haus der Kunst, der Hypo-Kunsthalle oder der Städtischen Galerie im Lenbachhaus kaum vorkämen, sondern vor allem in kleinen Vereins- und Verbandsausstellungen.[102] Dies kann am Beispiel der hier untersuchten Künstlerin bestätigt werden.[103]

Bittner-Simmet äußerte sich 1986 in ihrem ersten Bildband zur Stellung der Frau, dass es »eine Frau dabei [als Künstlerin erfolgreich zu sein] noch besonders schwer hat.«[104] Sie hat sich zwar nicht dezidiert für die weibliche Position in der Kunstwelt eingesetzt, sondern für die Positionierung von Künstlern und Künstlerinnen in der Gesellschaft allgemein[105], kann aber zweifellos aufgrund ihres Verhaltens als emanzipierte Frauengestalt angesehen werden.

---

101 Ebenda.

102 Hanne Weskott: Nicht mehr die Schlußlichter. Künstlerinnen in München, in: Gliewe 1988, S. 167–175, hier S. 170.

103 Auch hier sei auf Kapitel 4 verwiesen.

104 Bittner-Simmet 1986, S. 5.

105 Mehr dazu in Kapitel 5, »Positionierung im kunst- und kulturpolitischen Kontext«.

GESELLSCHAFTLICHE INTEGRATION

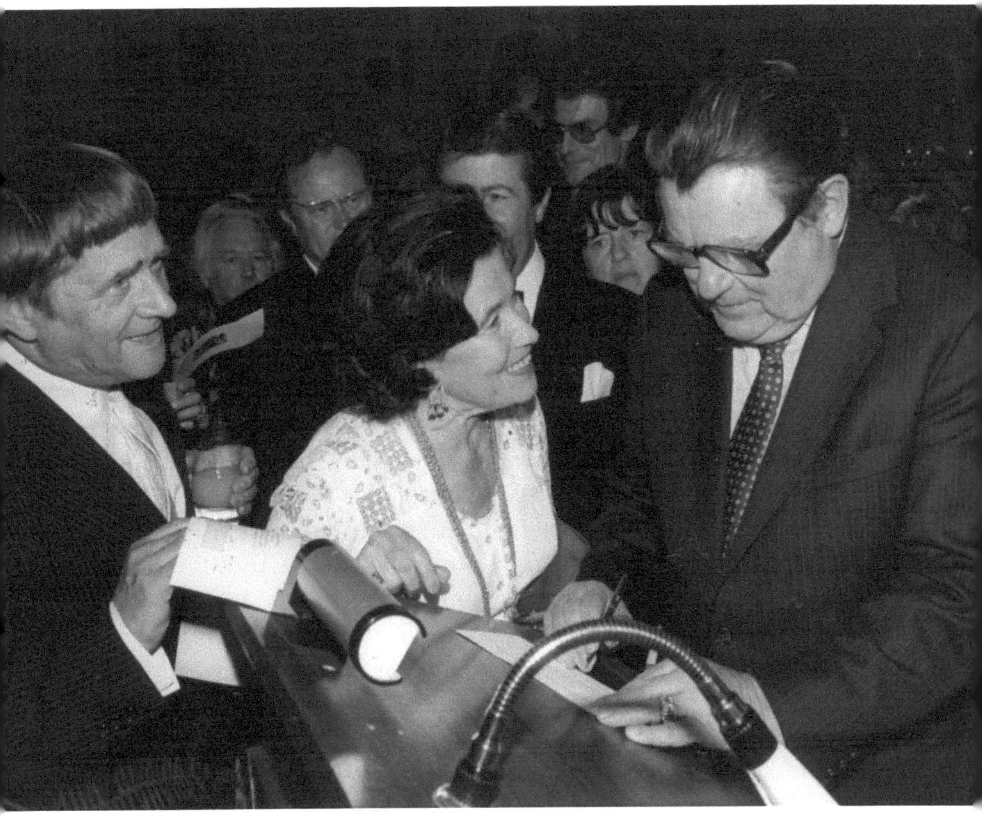

Aus kunstsoziologischer Perspektive wird ein gesellschaftliches Interagieren als unbedingte Voraussetzung für (beruflichen) Erfolg gedeutet. Welche Bedeutung die gesellschaftliche Vernetzung in ihrer Auswirkung auf den beruflichen Erfolg Bittner-Simmets hatte, kann an ihrem Handeln nachvollzogen werden. Bittner-Simmets Vernetzung, die sich in mehreren Bereichen abspielte, ging vom Münchner Stadtteil Schwabing aus – ein wichtiger Treffpunkt der Münchner Kulturszene.

Reanimiertes Schwabing als künstlerischer und sozialer Aktionsraum

In den Jahren um 1900 war Schwabing der Knotenpunkt für Künstler und Freigeister. Laut Wolfgang Petzet ist es jene Zeit, wodurch »Wahnmoching« so berühmt wurde.[106] So bildete sich dort allmählich die Boheme mit Literaten, Schauspielern und bildenden Künstlern, wo neben Kaufleuten auch die Arbeiterschaft und Bauern lebten. Es spielte sich dort ein reges kulturelles Leben mit Atelierpartys, Faschingsfesten, Kabarettinszenierungen und Lesungen ab. Rund um die Akademie der Bildenden Künste, die den südlichen Abschluss des Stadtteils markiert, entstanden zahlreiche private Ateliers und Malschulen, etwa jene Wassily Kandinskys in der Ainmillerstraße 11 bzw. Hohenzollernstraße 6[107] oder die seit 1882 bestehende Damen-Malschule[108]. Nicht weit davon entfernt siedelten sich Alexej von Jawlensky und Marianne von Werefkin an. Neben weiteren Mal- und Grafikateliers war Schwabing auch Geburtsstätte für Rudolf von Labans Tanzschule und Mary Wigmans Ausdruckstanz. Ebenso befand sich hier das Fotoatelier von Frank Eugen Smith.[109] Dies sei nur kurz angerissen, um nachzuvollziehen, auf welchen kulturhis-

---

106 Wolfgang Petzet: Schwabings klassische Zeit, in: Vogel 1958, S. 25–44, hier S. 25.

107 Brauer 2010, S. 62.

108 Gründung der Damen-Malschule durch die Künstlerin Clementine von Braunmühl, zu dessen Schülerinnen Gabriele Münter, Käthe Schmidt (später Kollwitz) und Maria Marc zählten. Ebenda, S. 64.

109 Ebenda, S. 65.

torischen Spuren sich Bittner-Simmet bewegte, die ihr Leben seit dem Umzug ihrer Familie von Erding nach München in Schwabing verbrachte.[110] Spuren deshalb, da in den 20er-Jahren von der mythenumrankten Schwabinger Boheme nicht mehr viel übrig war[111] und es später durch den erneuten Kriegseinbruch ohnehin gezwungenermaßen einer Veränderung unterworfen war. Wie die restliche Stadt auch, erlitt Schwabing im Zweiten Weltkrieg schwere Wunden: Wohnungen, Künstlerateliers, Kabaretts und Gasthäuser wurden zerstört.[112] Trotzdem lebten und arbeiteten um 1950 die meisten der circa 5000 bildenden Künstler Münchens in Schwabing.[113] Laut Petzets Rückblick von 1958 auf das klassische Schwabing war es nicht möglich, ohne Weiteres an diese Tradition anzuknüpfen.[114] Seine Aussage artikuliert gleichzeitig den allmählich aufkeimenden Wiederbelebungsversuch des Schwabinger Lebensgefühls für »Die Zurückgebliebenen«[115] des alten Schwabings, der durch die Eröffnung von Unterhaltungslokalen und Treffpunkten für den geistigen Austausch realisiert wurde. Eine Anzeige im Münchner Merkur des Jahres 1958 beschreibt die Situation zehn Jahre nach Kriegsende:

> *»Schwabing – ein Anziehungspunkt Münchens mit der besonderen Atmosphäre eines künstlerisch belebten Stadtteils. Treffpunkt der Jugend, der Literaten, Maler und Bildhauer mit den Gästen aus aller Welt. Vieles ist neu erstanden, moderne Straßenzüge und Plätze im Grün der Anlagen, aber die Gegend hinter dem Siegestor ist die Heimstätte für den Schwabinger Geist geblieben.«*[116]

Dass der Wiederbelebungsversuch geglückt ist, zeigt sich in einem Bericht von 1960 in der Zeitschrift »Frauenwelt« über »Malende Frauen«, in dem über einen Besuch bei Magda Bittner-Simmet so berichtet wird:

---

110 Ab ca. 1918: Königinstraße, dann Clemensstraße 28; ab 1947: Leopoldstraße 38; ab 1961: Leopoldstraße 38/a; ab 1973 bis zum Lebensende: Schwedenstraße 54.

111 Ebenda, S. 67.

112 Hollweck 1967, S. 250.

113 Stankiewitz 2013, S. 34.

114 Wolfgang Petzet: Schwabings klassische Zeit, in: Vogel 1958, S. 25–44, hier S. 42.

115 Brigitta Rambeck: Zum Beispiel die Seerose…, in: Brauer 2010, S. 128–143, hier S. 130.

116 Siehe Werbeanzeige, in: Vogel 1958, S. 65.

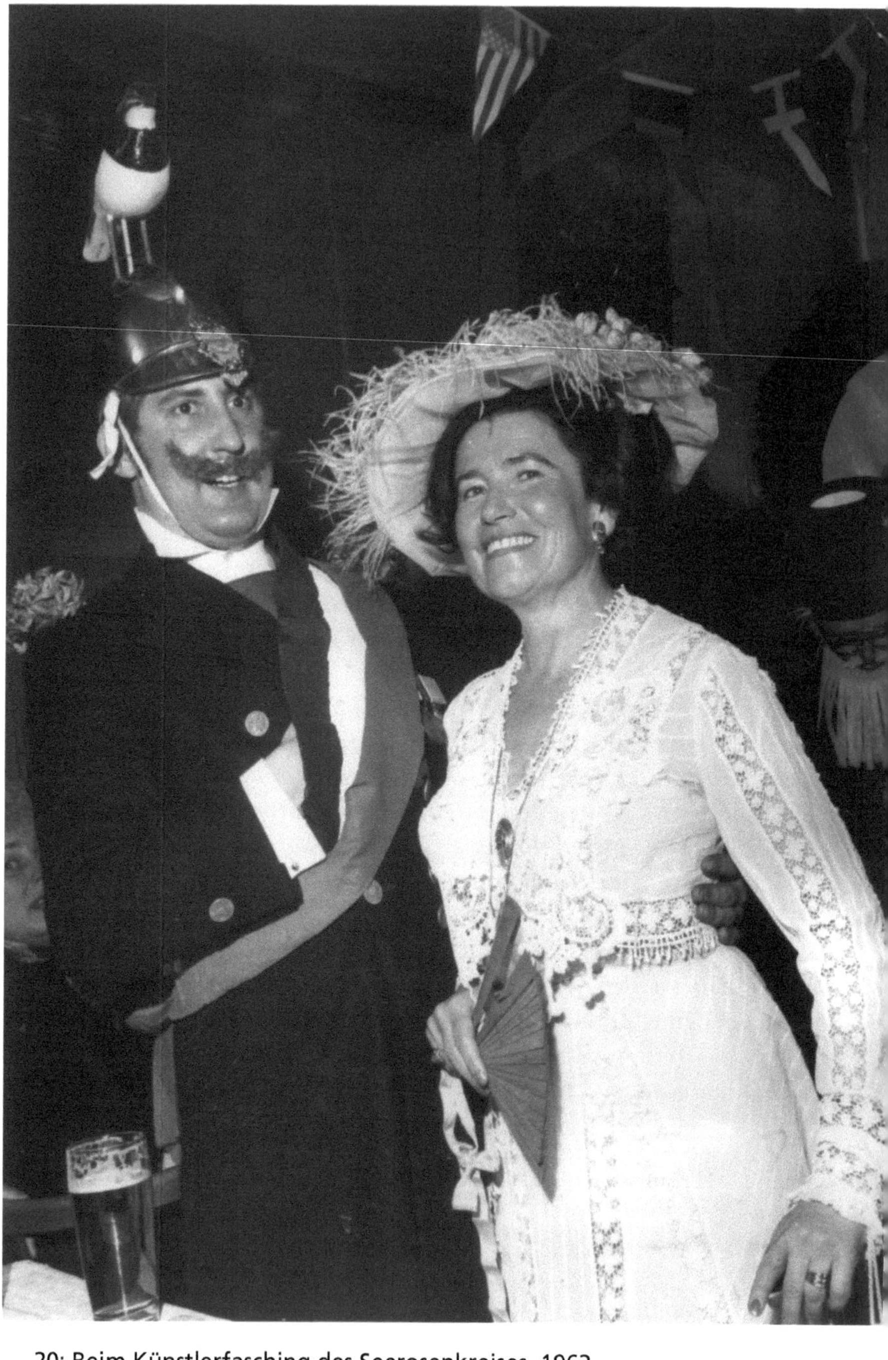

20: Beim Künstlerfasching des Seerosenkreises, 1962

»Dieser Eindruck von Schwabing wird noch vertieft, wenn man, wie ich, vier altersschwache Treppen zu einem Atelier hinaufsteigt und sich von jenem bohemen Reiz gefangennehmen läßt, der erst in vollem Umfang die Beziehung dieses Stadtteils zur Seine-Metropole erkennen läßt.«[117]

Und genau inmitten dieses Schwabings lebte Bittner-Simmet und breitete von dort ihr Netzwerk aus.

1950 wurden in Schwabing zwei für das Kulturleben bedeutende Gruppen wieder gegründet, die an der kulturellen Wiederbelebung Schwabings maßgeblich beteiligt waren: der Seerosenkreis und der Tukan-Kreis. Der sich in der »Seerose« treffende Zirkel von bildenden Künstlern und Literaten organisierte Ausstellungen und kulturelle Veranstaltungen und stand im regen Austausch mit den öffentlichen Kulturinstitutionen zur Künstlerförderung. Der Tukan-Kreis setzte sich für die Literaturverbreitung und die Förderung junger Schriftsteller ein. Die Schwabinger Woche, ein einwöchiges Festival mit Kunstausstellungen in unterschiedlichen Örtlichkeiten, mit der Verleihung des Kunstpreises, kabarettistischen Darbietungen und Theaterereignissen, vereinigte das Schwabinger geistige Leben.[118] Beliebt waren auch die Nikolausfeiern in der Seerose, an denen unter anderem auch Münchens damaliger Oberbürgermeister Hans-Jochen Vogel[119] teilnahm.[120] Erhaltene Dokumente belegen, dass sich auch Bittner-Simmet dort aufhielt, etwa bei Ausstellungen, Vorträgen oder zum legendären Künstlerfasching.[121]

---

117 Henriette Dohn: Magda Bittner-Simmet, in: Die »Frauenwelt« besuchte Malende Frauen, in: Frauenwelt, 3, 1960, S. 13ff. (Zeitschrift; Kontext/5-2; MBS-Archiv)

118 Magda Bittner-Simmet hat wahrscheinlich bei der Ausgabe 1974 teilgenommen und in der damaligen Dresdner Bank am Promenadeplatz 7 in München ausgestellt. Aus dem Schriftverkehr geht nicht eindeutig hervor, ob die Ausstellung tatsächlich realisiert wurde, eine Bilderliste ist aber vorhanden. (Korrespondenz; Werk/4; MBS-Archiv)

119 Hans-Jochen Vogel (geb. 1926) war u.a. von 1960–1972 Oberbürgermeister von München. Im Folgenden Vogel genannt.

120 Rambeck, in: Brauer 2010, S. 128–143, hier S. 131.

121 Hierzu: Fotografie Bittner-Simmets bei der Feier unter dem Motto »Kaisers Geburtstag« 1962 (Abb. 20). Fotografien im MBS-Archiv bezeugen auch Faschingsfeiern im Atelier der Künstlerin. (Abb. 21)

Einladungen zu Veranstaltungen im Tukan-Kreis lassen ihre Anwesenheit dort vermuten.[122] Die meisten Künstler der Seerose waren zugleich auch Mitglieder der drei Münchner Künstlervereinigungen, nämlich Neue Münchner Künstlergenossenschaft (NMKG), Münchner Sezession (MS) und Neue Gruppe (NG), die sich alljährlich in der Münchner Kunstausstellung trafen, so Andreas Kühne im Ausstellungskatalog »55 Jahre Seerosenkreis«.[123] Auch der bereits erwähnte Künstler und Galerist Oswald Malura bildete in der Schwabinger Gesellschaft einen Meilenstein zu Lebzeiten Bittner-Simmets[124]: In seiner Wohnung fanden die berühmten »Bürgerversammlungen der Traumstadt« und somit der Austausch über politische Themen Schwabings statt, an denen auch Persönlichkeiten der Münchner Politik teilnahmen.[125]

An den zahlreichen Veranstaltungen wird Bittner-Simmet mit künftigen Förderern ins Gespräch gekommen sein. Als Beweis für die unbestreitbare Verankerung Bittner-Simmets in der Schwabinger Gesellschaft sei noch zuletzt eine sich in ihrem Besitz befindende Autogrammkarte von Fifi Brix erwähnt, die 1967 im Bericht über die »Schwabinger Wochen« als »Entdeckung der Woche« bezeichnet wird.[126] Unbestreitbar ist auch, dass die Künstlerin das Erbe der Schwabinger Boheme weitertrug, wie im folgenden Kapitel gezeigt wird.

---

122 Hierzu: Einladung zum Vortrag Hohenemsers über »Grenzen der künstlerischen Freiheit« am 21.04.1969 (Einladung; Kontext/6; MBS-Archiv); Einladung zum »Geselligen Beisammensein Münchner Künstler« am 01.07.1977 (Einladung; Kontext/5; MBS-Archiv).

123 Rambeck, in: Brauer 2010, S. 128–143, hier S. 137.

124 Vom 05.–31.12.1961 fand dort eine Weihnachtsausstellung anlässlich des 80. Geburtstages von Bertl Schultes statt, an der Bittner-Simmet unter anderem mit Hermann Geiseler, Olaf Gulbransson und Lothar Dietz ausstellte. Außerdem waren beteiligt: Thomas Baumgartner, Carl Diebitsch, Aber Ferenz, Ernst Graupner, Konstantin Garneff, Arthur Graf, Franz Hauber, Hans Jürgen Kalmann, Emil Krieger, Carlheinz Krug, Oswald Malura, Josef Mehrle, Thomas Niederreuther, Matthias Padua, Josef Seidl-Seit, Irmtraud Stengel, Hannes Schmucker, Toni Trepte, Helmut Ulrich, Erwin Vogt, Erland Windfeld. (Einladung; Werk/4; MBS-Archiv)

125 Rambeck, in: Brauer 2010, S. 128–143, hier S. 131.

126 Dombart 1967, S. 210.

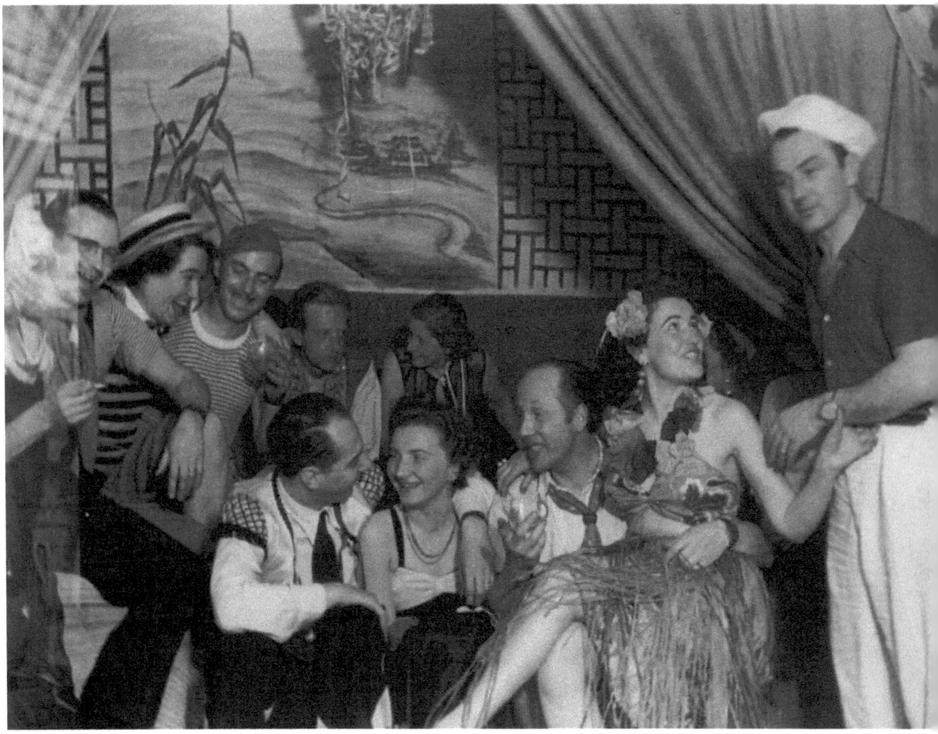

21: Beim Künstlerfasching in ihrem Schwabinger Atelier

Strategisches Handeln und Selbstinszenierung als Methode

»Gesellschaftlich zu existieren heißt, im sozialen Raum und in sozialer Zeit verortet zu sein, heißt, in der gesellschaftlichen Struktur eine Stellung einzunehmen und davon geprägt zu sein, in Form verbaler Automatismen oder mentaler Mechanismen und jenes umfassenden Habitus, der aus den für eine bestimmte Lage konstitutiven Konditionierungen erwächst.«[127]

---

127 Bourdieu, hg. v. Schultheis/Egger 2011, S. 189–190.

Bourdieus Formulierung bildet den Ausgangspunkt dieser Betrachtung. Er geht von einem »intellektuellen Kräftefeld«[128] aus, welches die Position der Schaffenden in ihrem künstlerischen und somit kommunikativen Akt nicht unberührt lässt.[129] Und weiter, übernimmt die Verbindung des künstlerischen Schaffens mit seinem intellektuellen Kräftefeld ein »funktionales Gewicht«, das »im Bereich des Feldes nicht unabhängig von ihrer Position in diesem Maße zu definieren ist.«[130] Das Netzwerk Bittner-Simmets begreift ihre soziale Struktur als eine Zusammensetzung von Einheiten, die sich aus der Interaktion von Akteuren – mit Bittner-Simmet als Hauptakteurin – ergeben.

Schenkt man Fotografien und Zeitzeugenberichten Glauben, war Bittner-Simmet eine auffällige und attraktive Erscheinung in der Gesellschaft, eine durchaus modebewusste Frau. Schließlich hatte sie vor Eintritt in die Akademie nachweislich für einige Zeit die Münchner Meisterschule für Mode besucht. Zeitlebens kleidete Bittner-Simmet sich mit maßgeschneiderten Kostümen in kräftigen Farben und verließ ihr Haus wohl nie ungeschminkt.[131] Wie sich bereits die Münchner Malerfürsten von Stuck und von Lenbach ihr Künstlerhaus als Ort der Kommunikation und Repräsentation ihrer Kunst verwirklichten, bezog sie 1973 ihr selbst geplantes Künstlerinnenhaus am Englischen Garten mit getrennten Eingängen zu Wohnraum und Atelier[132], das, ebenso wie ihre äußere Erscheinung, zur Inszenierung ihres Selbstbildes beitrug.

Sie lud dort – klassischen Salons ähnlich – zu vielfältigen Veranstaltungen ein, seien es Verkaufsausstellungen, Atelierführungen oder Konzerten (Abb. 22), die größtenteils in Bezug zu späteren Verkäufen oder wichtigen Kontakten gelesen werden können. Die Präsentation ihrer Werke in ihrem Atelier baute sie zu gesellschaftlichen Events aus, zu welchen Persönlichkeiten hohen Ranges eingeladen wurden, um

128 Bourdieu, hg. v. Schultheis/Egger 2011, S. 8.

129 Ebenda.

130 Ebenda.

131 Aus der Zeit an der Meisterschule für Mode stammen entsprechende Mappen mit Modezeichnungen. Zudem fanden sich im Nachlass der Künstlerin zahlreiche Frauen- und Modezeitschriften, aber auch maßgeschneiderte Seidenkostüme, Pelzmäntel und edle Accessoires.

132 Wohnatelier bis zu ihrem Lebensende. Heute Ateliermuseum und Sitz der Magda Bittner-Simmet Stiftung mit Depot und Archiv.

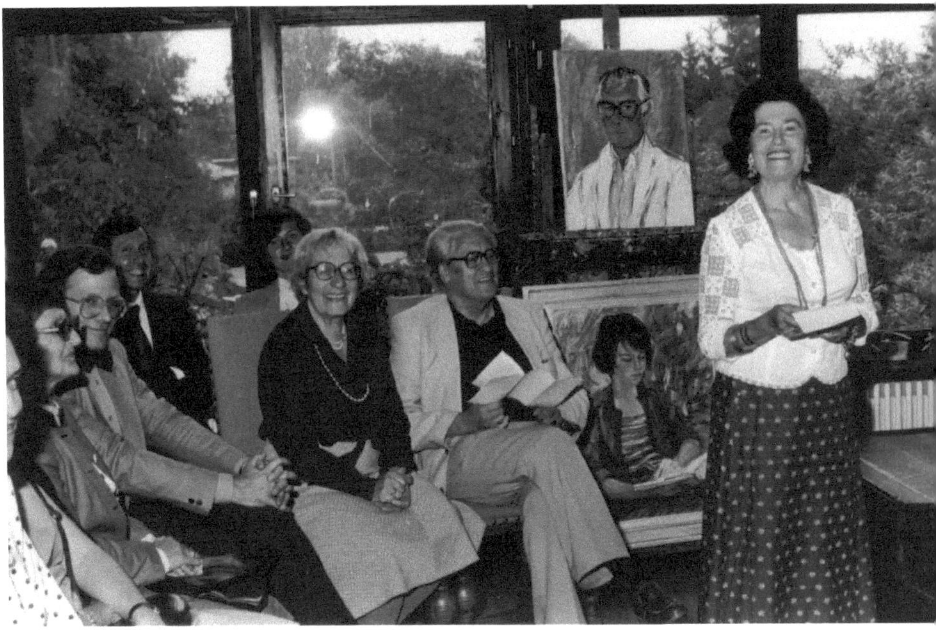

22: Vernissage in ihrem Künstlerhaus am Schwabinger Bach, 1982

etwa die Enthüllung der fertig gestellten Porträts mit zu erleben.[133] Dies spielte sich allerdings nicht zu Beginn ihrer Präsenz in der Kunstszene ab, sondern eher am Höhepunkt ihrer Laufbahn. Bis dahin ging sie als Künstlerin einen beschwerlichen Weg, den sie sich durch persönliche Begegnungen und auch durch die Annäherung an Prominente erleichterte.[134] Ihre kommunikativen Netze pflegte Bittner-Simmet mit brieflichen Mitteilungen, in denen sie sich über mögliche Porträtaufträge, Ausstellungen oder mediale Erwähnungen äußerte. Häufig versuchte sie den Kontakt zu wichtigen Personen auch über Empfehlungsschreiben anderer einflussreicher Prominenter herzustellen. Bedeutende Persönlichkeiten aus Politik und Kultur traf sie wohl bei den zahlreichen Veranstaltungen in der Schwabinger Seerose, so etwa Oskar Maria Graf, den sie 1960 porträtierte (Abb. 23 und 24).

---

133 Gästebucheinträge bezeugen beispielsweise die Vorstellung des Porträts von Kardinal Wetter am 25.02.1989. (Gästebücher; Werk/4; MBS-Archiv)

134 Schriftverkehr etwa mit Regierungspräsident Adam Deinlein gibt Aufschluss über ein enges freundschaftliches Verhältnis der beiden.

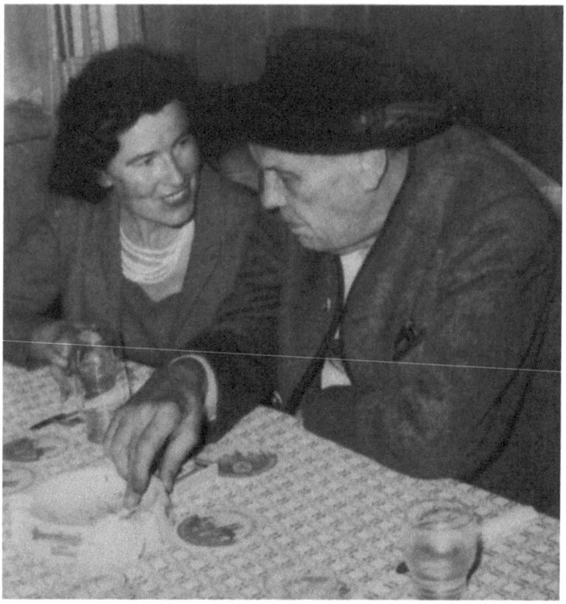

23: Mit Oskar Maria Graf am Stammtisch des Seerosenkreises, 1960

Bei Golo Mann, den sie unbedingt für die Erstellung eines Porträts gewinnen wollte, zog sich die Akquise über 15 Jahre – wahrscheinlich erfolglos.

> *»Zu Ihrem 75. Geburtstag, den Sie vor kurzem feiern konnten, möchte ich Ihnen noch nachträglich sehr herzliche Glückwünsche übermitteln. Vor vielen Jahren schon hatte ich mit Ihnen korrespondiert, zuletzt im Jahre 1971 wegen eines Portraits von Ihnen, das ich zu gerne gemalt hätte.«*[135]

Auch mit Hans-Jochen Vogel stand sie im regen Austausch über kulturpolitische Fragen und berufliche Akquise.

> *»Ich habe kurz vor Weihnachten wegen des Portraits Ihrer Frau telefonisch mit Ihrer Sekretärin gesprochen. Heute wollte ich Ihnen nur mitteilen, dass ich inzwischen einen viel besseren Gedanken habe, zu dessen Verwirklichung ich allerdings ein bißchen Ihre wohlwollende Unterstützung benötigen würde.«*[136]

---

[135] Bittner-Simmet an Golo Mann am 18.04.1984 (Korrespondenz; Magda/3; MBS-Archiv)

[136] Bittner-Simmet an Vogel am 17.01.1972 (Korrespondenz; Magda/3; MBS-Archiv)

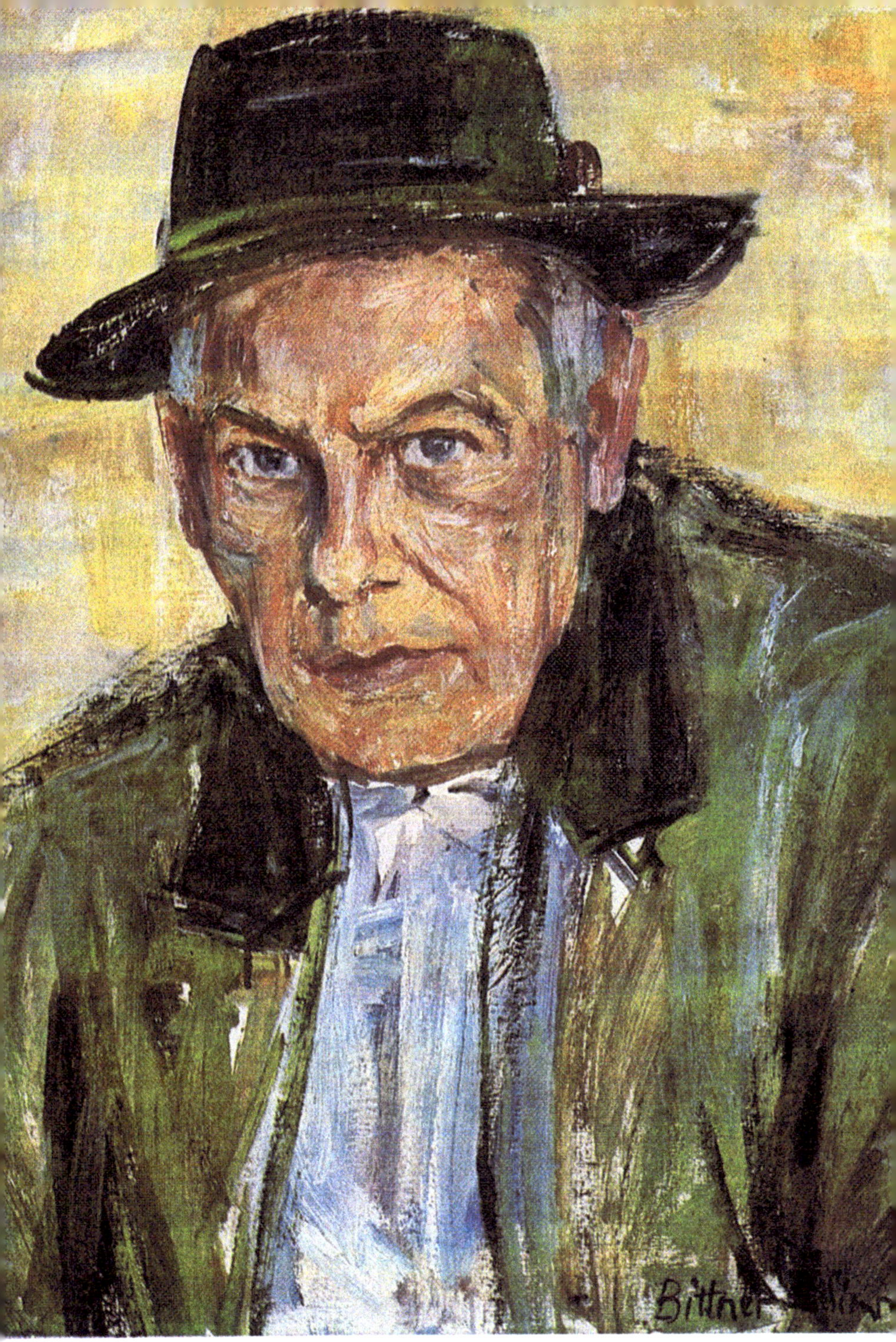

24: Porträt Oskar Maria Graf, 1960

Bittner-Simmet fertigte ein Ölgemälde der ersten Gattin Vogels (Abb. 16). Außerdem dürfte Vogel im Besitz eines Blattes von Bittner-Simmet sein, das ihm in der Seerose überreicht wurde.

> »*Ich möchte Ihnen auch auf diesem Wege noch einmal sehr herzlich für das schöne Blatt danken, das Sie der Sammlung beigesteuert haben, die mir am vergangenen Mittwoch im Namen der Seerose überreicht wurde.*«[137]

Bittner-Simmet nutzte jede Gelegenheit zur Akquise: Bei jeglichen Anlässen für irgendeine Korrespondenz klang der Vorschlag für die Ausführung eines Porträts mit. Dies klang z.B. folgendermaßen:

> »*Sehr geehrter Herr Konsul Söhnges! Sehr herzlich möchte ich Ihre freundlichen Grüße und Wünsche zum Jahreswechsel erwidern und der Hoffnung Ausdruck geben, daß das Neue Jahr Sie einmal zu einem Atelierbesuch zu mir in die Schwedenstraße führen möge. Gerne möchte ich Sie doch im Kreise meiner gemalten Prominenz sehen, vorausgesetzt, dass Ihnen meine Art der Auffassung zusagt, was ich nach den kurzen Gesprächen, die ich mit Ihnen über Kunst geführt habe, annehmen darf. Vielleicht können Sie einen Vorschlag machen, wann Sie einmal zu einem Atelierbesuch Zeit haben.*«[138]

Bei ihren Ausstellungen erkundigte sie sich gezielt, was bei ihrem Publikum besonders gut ankam, indem sie sich in Gästebüchern die Frage beantworten ließ: »Welche Bilder haben Ihnen am besten gefallen?«[139] (Abb. 25)

Genauso entscheidend für ihren Erfolg wie der Kontakt zu Einzelpersonen war ihre Mitgliedschaft bei unterschiedlichen Vereinigungen. Die deutsch-französische Gesellschaft verhalf ihr zur Teilnahme an Gruppenausstellungen in Frankreich, durch den Pinakotheks-Verein fand sie Anknüpfung an das Münchner Museumswesen.

---

137 Vogel an Bittner-Simmet am 06.12.1964 (Korrespondenz; Magda/3; MBS-Archiv) Eine Zeichnung, vielleicht die hier erwähnte, wurde der Stiftung von Frau Vogel nach ihrem Umzug ins Altersheim überlassen.

138 Bittner-Simmet an Konsul W.P. Söhnges am 15.01.1977 (Korrespondenz; Magda/3; MBS-Archiv)

139 Beispielsweise zur Kollektivausstellung mit Dieter Averbeck im Alten Botanischen Garten 1963. Vgl. S. 34.

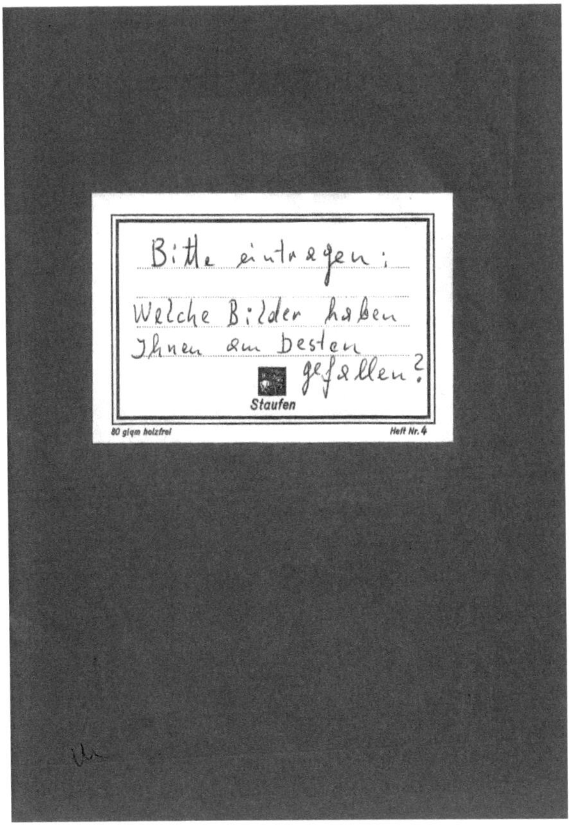

25: »Welche Bilder haben Ihnen am besten gefallen?«
Gästebuch, 1963

Zugang zu Oper- und Theatervorstellungen mit den entsprechenden Kontaktmöglichkeiten erhielt sie durch die Vereinigung Freunde des Nationaltheaters. Potentielle Kunden traf sie u.a. im Akademischen Segler-Verein. Ausstellungen ergaben sich durch die schon genannten Vereinigungen BBK und GEDOK, auch durch Bildungsreisen mit dem Bayerischen Volksbildungsverband oder durch persönliche Kontakte und Einladungen von Freunden. Es kann davon ausgegangen werden, dass auf den Reisen entstandene Kontakte wiederum für das berufliche Weiterkommen genutzt wurden. Zahlreiche Malreisen führten Bittner-Simmet vielfach auch ins Ausland, nämlich nach Burano, Positano/Ravello, Paris, Rom, Monte Carlo, Cannes, Bordeaux, Ischia,

Nizza, Altea, Sri Lanka, Norwegen, Santorin, Tunesien, Norwegen und Mykonos.[140]

Durch die Verteilung ihrer Visitenkarten in diesen Netzwerken sorgte sie für verbreitete Präsenz in der Gesellschaft, aber vor allem auch durch die Anfertigung von Repliken ihrer Werke: Bei den Postkarten finden sich 53 verschiedene Motive[141], Kunstkalendern[142] oder als Telegramm-Motiv. Diese Reproduktionen waren einerseits in Geschäften erwerbbar[143], andererseits hatte Bittner-Simmet selbst immer einige Exemplare zum Verteilen parat oder schickte sie in Korrespondenz mit Journalisten oder potenziellen Kunden als Anschauungsmaterial ihrer Kunstwerke mit. Die Reproduktion ihrer Werke liefert den Beweis, dass sie als Künstlerin gleichzeitig um ihren geschäftlichen Erfolg bedacht war.

Die Verleihung der Pygmalion-Medaille (1979)[144], der Euro-Medaille des Europäischen Kulturkreis Baden-Baden (1981) und des Bundesverdienstkreuzes (1989)[145] zeigt den Erfolg ihres permanenten Bemühens um öffentliche Anerkennung.

---

140 Diese Reisen zumindest lassen sich belegen durch vielfältige Dokumente im Stiftungsarchiv.

141 Die Postkarten sind in folgenden Verlagen erschienen: Kunstverlag W. Patt, München; F. A. Ackermann Kunstverlag, München; Wiechmann Verlag, Starnberg vor München; Dr. te Neues+Co, Kempen-Niederrhein.

142 Insgesamt 54 Kunstkalender erschienen in denselben Verlagen wie ihre Postkarten, zusätzlich: K.G. Lohse, Frankfurt am Main.

143 Ihre Postkarten waren unter anderem in einer damals existierenden Künstlerbedarf-Handlung in der Amalienstraße zum Verkauf. Vgl. Zeitzeugenbericht von Gubalke 2013.

144 Verleihung der Pygmalion-Medaille der Kunststiftung der Deutschen Wirtschaft am 09.02.1979 durch Adam Deinlein (Abb. 26), dazu im Programm: »Maßstab für die Förderung und Auszeichnung soll allein die kritisch bewertete Leistung sein. Merkmale solchen Schaffens sind: Vermittlung eines geistigen und seelischen Gehalts durch Wiedereinbeziehung der sinnhaft erfaßbaren Gestalt durch Aussagekraft, gesellschaftliche Wirkung und handwerkliches Können. Erwartet wird echte Zeitbezogenheit, nicht indessen Originalitätssucht und das Experiment als Selbstzweck, ebenso wenig gefällige Oberflächlichkeit.« (Programm; Magda/1; MBS-Archiv) Anlässlich der Verleihung hielt Magda Bittner-Simmet einen Festvortrag mit Lichtbildern: »Gedanken zur Bildnismalerei von Giotto bis Kokoschka«.

145 Verliehen durch Kultusminister Hans Zehetmair für ihr Engagement in der Kulturpolitik. Vgl. Anm. 221.

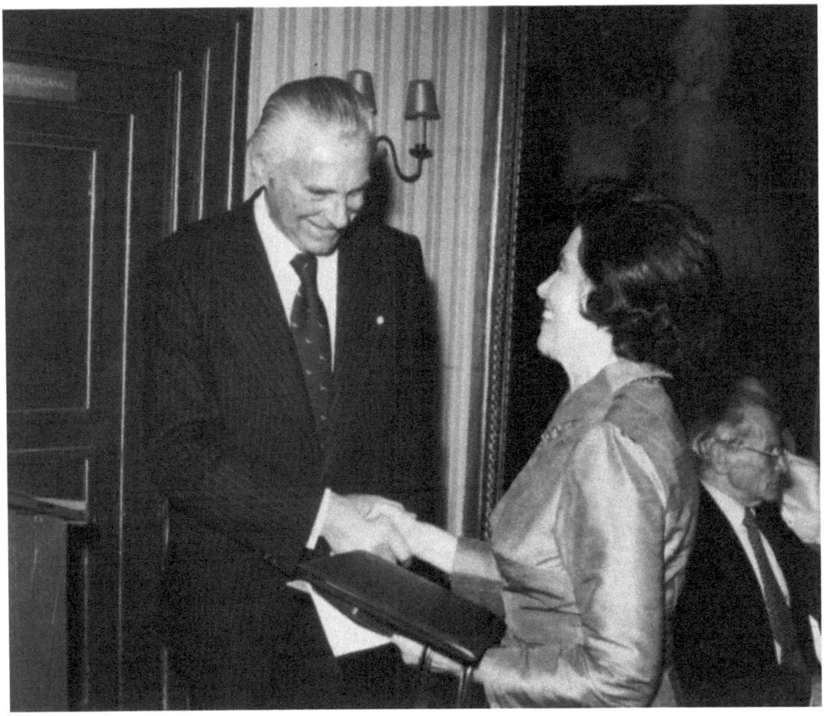

26: Verleihung der Pygmalion-Medaille durch Regierungspräsident Dr. Adam Deinlein, 1979

Dafür sorgten auch ihre 1986 und 1993 herausgegebenen Bildbände als Rückblick auf ihr Œuvre, wo sie sich nicht nur zu ihrer gegenständlichen Malweise bekennt, sondern eine weitere, bewusste Aktion zugunsten ihrer öffentlichen Erscheinung liefert:

> »*Möge dieser Bildband als Vervollständigung des ersten Buches alle Freunde, Förderer und Sammler meiner Arbeiten erreichen, und ihnen danken für ihre Treue zu einer Malerei, die sich bis jetzt, und ich hoffe auch in Zukunft, wie eine fest verankerte Boje in stürmischen Gezeiten gehalten hat.*«[146]

146 Bittner-Simmet 1993, S. 10.

Vor allem im Zusammenhang mit ihren Ausstellungen versäumte sie nicht, auch entsprechend in der Presse zu erscheinen.[147] Sie kümmerte sich um eine Listung im »Who is Who in der Bundesrepublik Deutschland«, wo sie 1974 zum ersten Mal genannt wurde.

Bei vielen Projekten ist nicht abzustreiten, dass sie ihre Weiblichkeit einzusetzen wusste: Sie pflegte auffällig viele Kontakte zu Männern, da diese in den meisten Fällen die führende Position in einer Institution innehatten.[148]

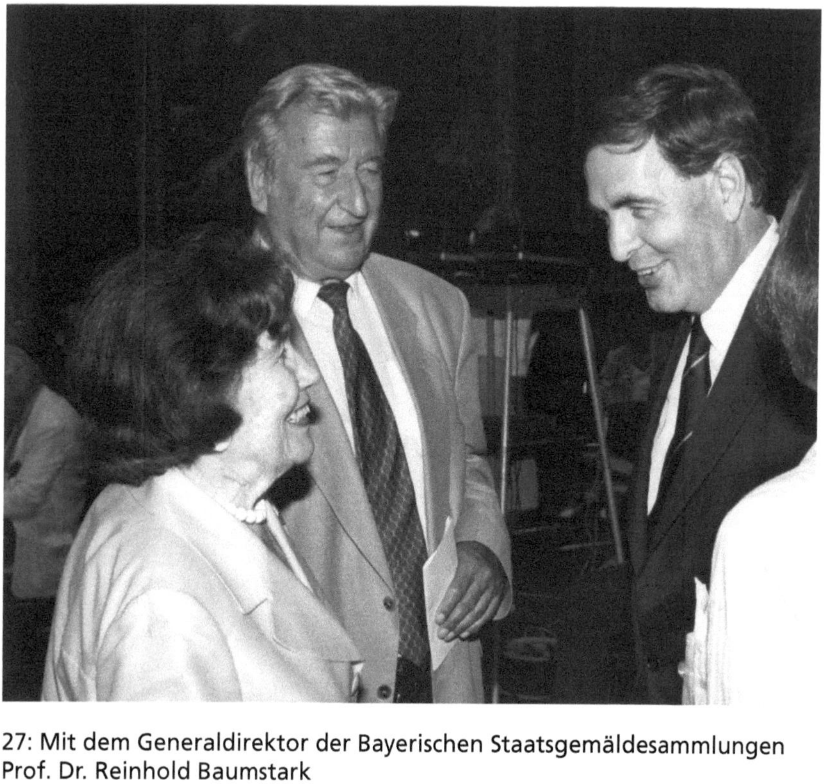

27: Mit dem Generaldirektor der Bayerischen Staatsgemäldesammlungen Prof. Dr. Reinhold Baumstark

---

147 An dieser Stelle wäre die Untersuchung ihrer Textvorschläge mit den tatsächlich publizierten Texten von Interesse.

148 Ersichtlich ist dies einerseits in der vorhandenen Korrespondenz, andererseits an der schwärmerischen Pose und den geradezu anhimmelnden Blicken auf Fotografien von Bittner-Simmet mit Männern (vgl. u.a. Abb. 23, 26,27).

Aus kunstsoziologischer Sicht verdeutlicht Kastner diese Situation, wohl auch für Bittner-Simmet zutreffend: »Von Seiten der [sozialen] Bewegung aus betrachtet, haben KünstlerInnen als Personen – aufgrund ihres sozialen Prestiges – vordergründig vielleicht mehr Bedeutung als Kunstwerke bzw. künstlerische Arbeiten selber.«[149] Denn sie war eindeutig eine Selbsterfindung, die ihre Kunstwerke auch reproduzierte und sich so in der Kunstszene verankerte. Huber stellte 2002 fest, dass »künstlerische Strategien im institutionellen Feld immer weiter nach oben ins Management einwandern«[150]. Dies war bei Bittner-Simmet bereits der Fall.

Resonanz im Kunstmarkt: Käufer und Förderer

Die Nachfrage im Kunstgeschehen Münchens blieb nach Kriegsende und darüber hinaus weiterhin zweigeteilt: Zwar gab es eine Zunahme an Förderung und Interesse bezüglich progressiver Kunst, konservative Kräfte blieben aber dennoch stark vertreten. Der Großteil des Publikums bevorzugte inhaltlich zugängliche, verständliche Bilder, unmittelbar nach Kriegsende nicht selten solche, die zuvor von den Nationalsozialisten propagiert wurden.[151] Ausstellungshäuser fühlten sich bis in die 70er-Jahre noch der Traditionskunst verpflichtet[152], was in der »Sphäre der Rezeption«[153] dementsprechende Geschmacks- und Meinungsprägung des Publikums zur Folge hatte. Dies bildet die Voraussetzung für den Verkauf Bittner-Simmets konsequent gegenständlicher Bildmotive.

Grundsätzlich kann postuliert werden, dass zwei unterschiedliche Impulse zur Kunstproduktion führen: Einerseits der innere, künstlerische Willen, andererseits ein von außen kommender Auftrag.

---

149 Kastner, in: Steuerwald 2013, S. 129–148, hier S. 130.

150 Huber 2002, S. 228.

151 Doms 2004, S. 170.

152 Doms 2004, S. 182.

153 Held/Schneider 2007

Bei Letzterem kann die Produktion auf Warenumsatz ausgerichtet sein und um des Verkaufs willen geschehen, wodurch also Kunsthandel und Kunstmarkt zustande kommen.[154] Die Kunstproduktion Bittner-Simmets war – und dies kann aufgrund ihrer durchgehend geschäftlich-unternehmerischen Handlungsweise behauptet werden – verkaufsorientiert. Aus der Korrespondenz wird offensichtlich, dass sich ihre Aufträge in vielen Fällen durch die permanent betriebene Akquise entwickelte, denn sie erteilte an ihre Auftraggeber geradezu die Aufforderung zur Akquisition weiterer Aufträge. Ihr Kunstschaffen war der Nachfrage also untergeordnet.[155] Da der »Kunstmarkt dort am intensivsten blüht, wo das große Geld regiert«[156], verstand sie es auch, ihr Angebot in derartige Richtungen zu lenken oder zumindest dahin, wo Macht eine Rolle spielte.

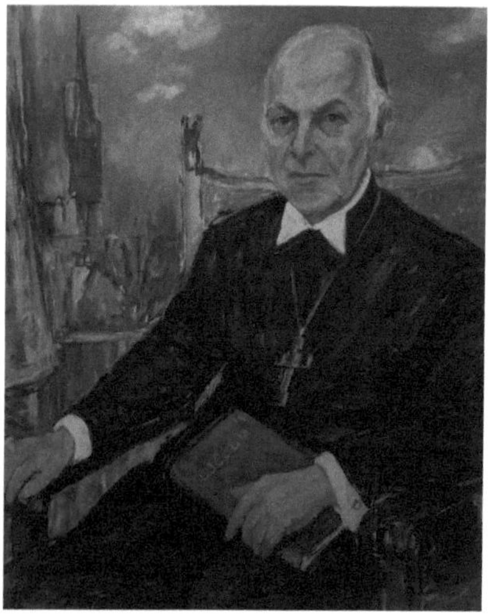

28: Porträt Landesbischof Hanns Lilje, 1973

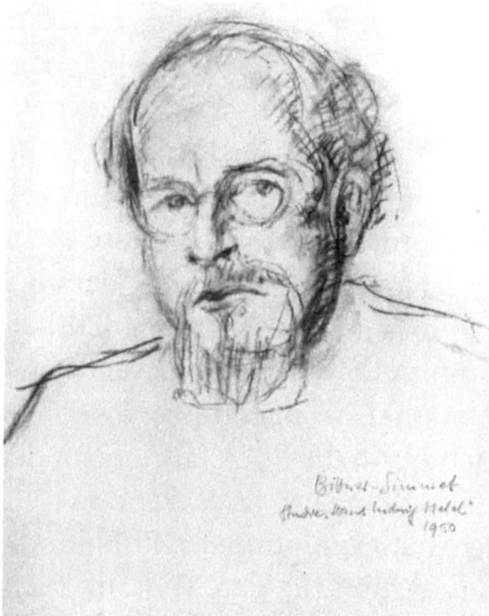

29: Porträtstudie Kulturreferent Hans Ludwig Held, 1950

[154] Held/Schneider 2007, S. 203–204.

[155] Durch die Fertigung von Aquarellen sowie Landschafts- und Städtebildern in Öl erneuerte sie ihre »kreative Kraft« für das Bildnismalen, wovon sie lebte. Vgl. r-h [Römer-Hoffmann], in: Deutsches Ärzteblatt, 50, 1972, S. 3321. (Zeitschrift; Werk/5-2; MBS-Archiv)

[156] Elisabeth Müller-Gaertner: Kunst läuft dem Geld hinterher. Kunsthandel in München, in: Gliewe 1988, S. 266–270, hier S. 266.

In dieses Schema passten vor allem Vertreter der Geistlichkeit und der (Kultur)politik, die sie porträtierte, was sie vor allem durch ihre aktive Vernetzung erreichte. So porträtierte sie etwa Abt Jakob Pfättisch von Plankstetten (Abb. 9), Landesbischof Hanns Lilje (Abb. 28), Altabt von Scheyern Johannes Maria Hoeck, Kulturreferent Hans Ludwig Held (Abb. 29), Innenminister Wilhelm Hoegner (Abb. 34), Stadtkämmerer Erwin Hielscher (Abb. 30), Regierungspräsident von Oberbayern Adam Deinlein[157] (Abb. 35), Hans-Joachim Peters vom Landessozialgericht Essen oder Landtagspräsident Rudolf Hanauer (Abb. 31 und 36).

Darüber hinaus porträtierte sie Personen aus dem Gelehrtenkreis, etwa den Hauptmann-Biograf Carl F. W. Behl (Abb. 37) oder den Berliner Psychologen Clemens Pabelick (Abb. 32), und aus der gehobenen Gesellschaftsschicht beispielsweise den Präsidenten der Bayerischen Versicherungskammer Robert Wehgartner (Abb. 33).

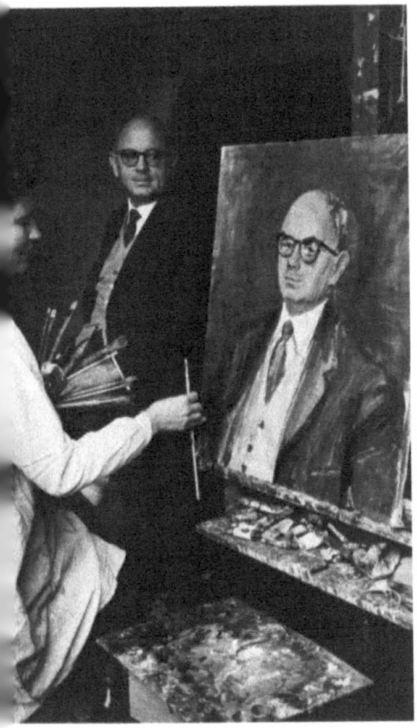

30: Stadtkämmerer Erwin Hielscher bei der Porträtsitzung, 1960

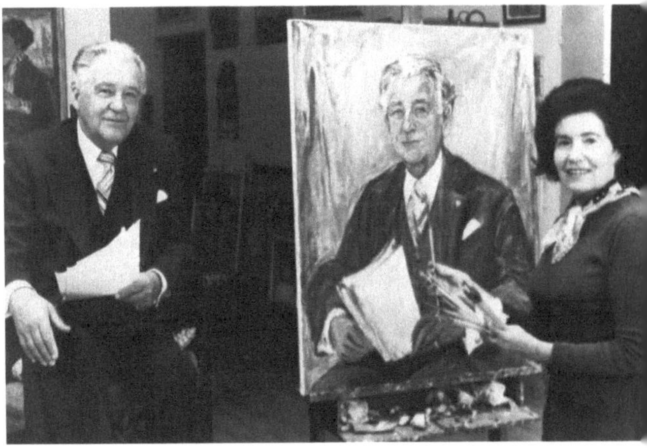

31: Landtagspräsident Rudolf Hanauer bei der Porträtsitzung, 1979

157 Deinlein (1909–2003) war Regierungspräsident von Oberbayern von 1962 bis 1974. Im Folgenden Deinlein genannt.

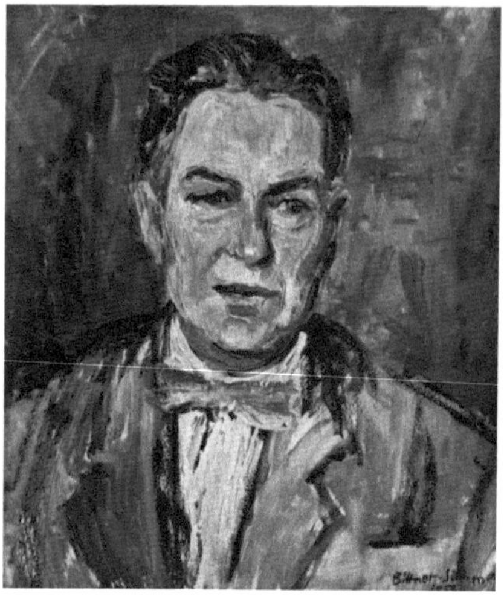

32: Porträt des Berliner Psychologen Clemens Pabelick, 1958

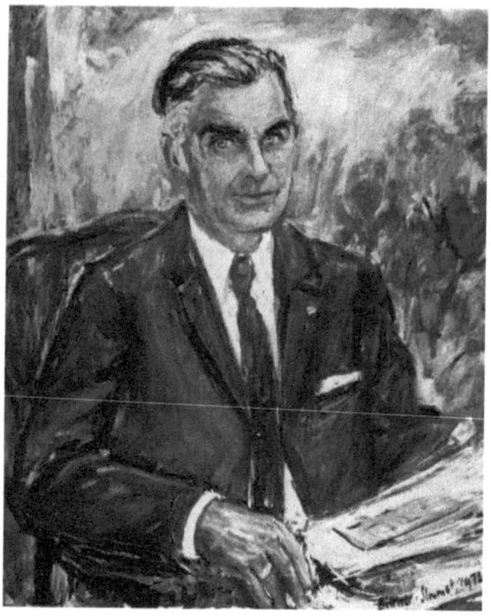

33: Porträt des Präsidenten der Bayerischen Versicherungskammer Dr. Robert Wehgartner, 1972

Bittner-Simmet holte sich auch Unterstützung von öffentlicher Hand. So etwa vom Ministerialdirigenten des Bayerischen Staatsministeriums für Unterricht und Kultus W. Keim[158] oder vom bereits erwähnten Kulturreferenten Hohenemser[159]. Auf Empfehlungen hin und wegen Bittner-Simmets Bemühen kaufte auch das Baureferat Hochbau der Stadt München einige ihrer Werke.

Diese Aufzählung soll nicht den Eindruck erwecken, Aufträge hätten sich ausschließlich aus ihrer eigenen Initiative ergeben.

---

158 Hierzu: W. Keim an Bittner-Simmet am 21.01.1978: »Liebe Frau Bittner! Ich habe mich sehr gefreut, daß Sie so initiativreich sind. Wenn Sie eine Hilfe brauchen, zu der ich fähig bin, stehe ich gerne zur Verfügung.« (Korrespondenz; Magda/3; MBS-Archiv)

159 Hierzu: Hohenemser an Bittner-Simmet am 21.02.1969: »Ihrem Wunsch, Sie für städtische Aufträge zu empfehlen, bin ich gerne nachgekommen. Ich habe heute die hierfür zuständige Abteilung Hochbau I unseres Baureferats gebeten, Sie im Zusammenhang mit Ankäufen für städtische Bauvorhaben entsprechend zu berücksichtigen. Eine Möglichkeit für Porträtaufträge sehe ich leider nicht, da solche von der Stadt nicht vergeben werden. Sollte sich eine derartige Chance bieten, werde ich an Sie denken.« (Korrespondenz; Magda/3; MBS-Archiv)

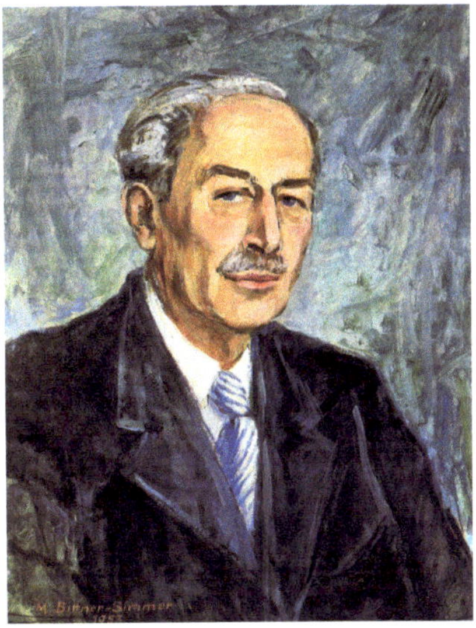

34: Porträt Ministerpräsident
Dr. Wilhelm Hoegner, 1953

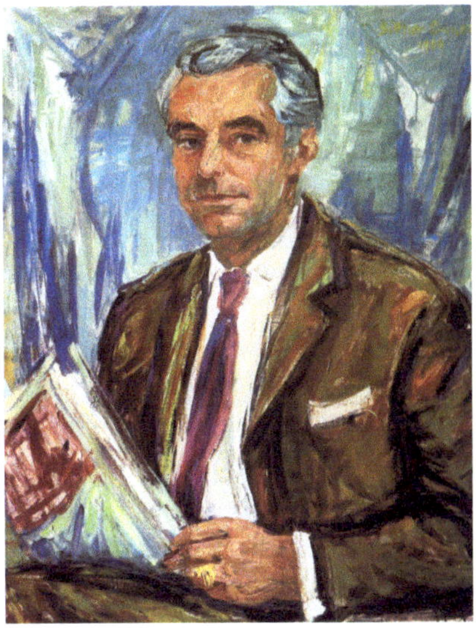

35: Porträt Regierungspräsident von
Oberbayern Dr. Adam Deinlein, 1964

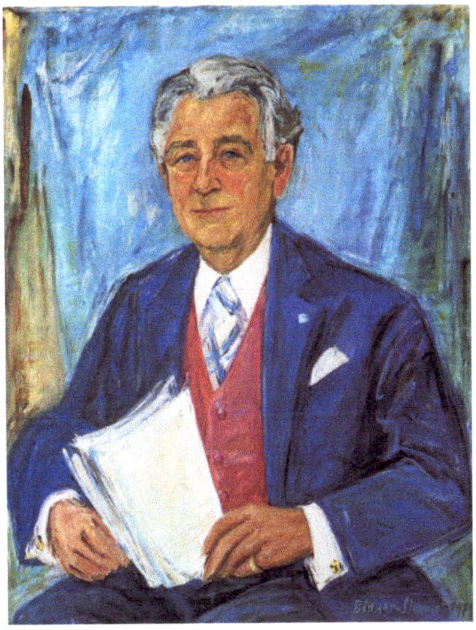

36: Porträt Landtagspräsident
Rudolf Hanauer, 1979

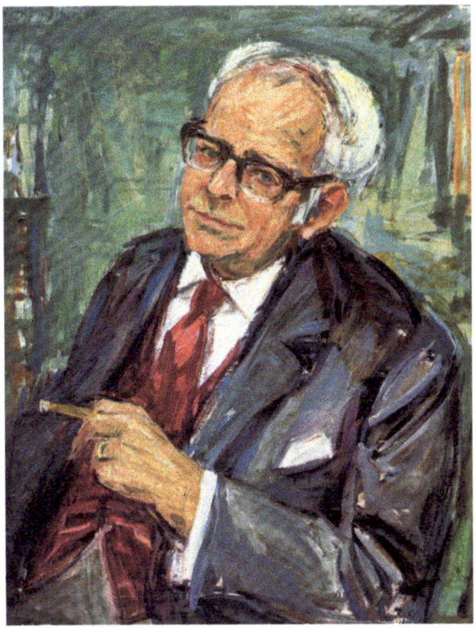

37: Porträt des Literaturhistorikers
Carl F. W. Behl, 1964

Oftmals kam der Antrieb auch seitens der Auftraggeber; dies kann vor allem bei Privatpersonen festgestellt werden, beispielsweise am Porträt von Frau Sabine Kling (Abb. 38)[160] oder bei mehreren Aufträgen für Kinderporträts (Abb. 39)[161].

Neben Porträts fand sich auch für Stillleben und aquarellierte Landschaftsbilder eine Käuferschaft, die sich wiederum vorwiegend aus der öffentlichen Verwaltung, kirchlichen Institutionen, Banken oder Versicherungen zusammensetzte, kaum aus öffentlichen Museumshäusern oder Galerien. So gab es u.a. öffentliche Ankäufe ihrer Werke durch das Bayerische Innenministerium, die Regierung Oberbayern, das Erzbischöfliche Ordinariat München, die Bayerische Landesbank Girozentrale, die Bayern-Versicherung, die Städtische Galerie im Lenbachhaus und die Bayerischen Staatsgemäldesammlungen.[162]

Als privater und ideeller Förderer sei hier noch insbesondere Adam Deinlein, Regierungspräsident von Oberbayern, zu nennen, dem Bittner-Simmet laut Zeitzeugenbericht Kuebarts einen Großteil ihres Erfolgs zurechnete, da er sie vor allem in ihrer Situation als Frau und Künstlerin unterstützte.[163]

---

160 Hierzu: Bittner-Simmet an Sabine Kling am 21.06.1971: »[...] habe ich Sie auch gar nicht mehr angerufen und Ihnen mitgeteilt, daß ich Ihr Bild mit zur Ausstellung nach Goslar geschickt habe. Ich hatte ja Ihr generelles Einverständnis. Es gefiel auch allen Leuten so gut und stellt eine schöne Bereicherung zu meinen anderen Porträts dar.« (Korrespondenz; Werk/4; MBS-Archiv)

161 Hierzu: Bittner-Simmet an Herbert Lauterbach am 02.12.1987: »Herzlichen Dank für die zur Verfügungstellung des Monika-Bildes[,] es würde immer fremde Abnehmer finden, was ich natürlich als Positivum buche.« (Korrespondenz; Magda/3; MBS-Archiv)

162 Hier nur eine ausschnitthafte Übersicht über diese öffentlichen Ankäufe: Sommer im Altmühltal (bei Kinding) (Abb. 42) wurde vom Bayerischen Innenministerium angekauft, Monte Pertuso (Abb. 44), San Gimignano (Abb. 45) sowie Abendleuchten um den Campanile (Abb. 46) von der Regierung Oberbayerns. St. Angelo (Abb. 47) erwarb das Erzbischöfliche Ordinariat München, Frauen im Getreidefeld (Altmühltal) (Abb. 43) die Bayerische Landesbank Girozentrale. In der Hochsteiermark (Abb. 50) die Bayerische Versicherungskammer. Zwei Aquarelle, die 1971 in Forio auf der Insel Ischia entstanden (Abb. 48 und 49) und ein weiteres Aquarell (Abb. 51) sowie das Porträt von Oskar Maria Graf (Abb. 24) befinden sich im Besitz der Städtischen Galerie im Lenbachhaus. Auch die Bayerische Staatsgemäldesammlungen kauften ein Werk Bittner-Simmets und zwar die Heuernte im Oberstdorfer Tal (Abb. 52).

163 Vgl. Zeitzeugenbericht von Kuebart 2011. Diese Aussage erscheint im Bezug auf andere bekannte Tatsachen über das Verhältnis Bittner-Simmets zu Deinlein durchaus glaubwürdig.

Magda Bittner-Simmet ist fernab des gängigen Kunstmarktes zu verorten. Sie agierte als marktorientierte Kunstproduzentin ohne jegliche Anbindung an eine Galerie, war ihre eigene Agentin und Händlerin und bediente einen Kundenkreis, den sie sich selbst schuf. Sie warb damit, die zu porträtierende Persönlichkeit in ihren Kreis der politischen und kulturellen Protagonisten aufzunehmen. Keinesfalls war sie damit immer erfolgreich, was mehrere vorhandene schriftliche Absagen belegen.

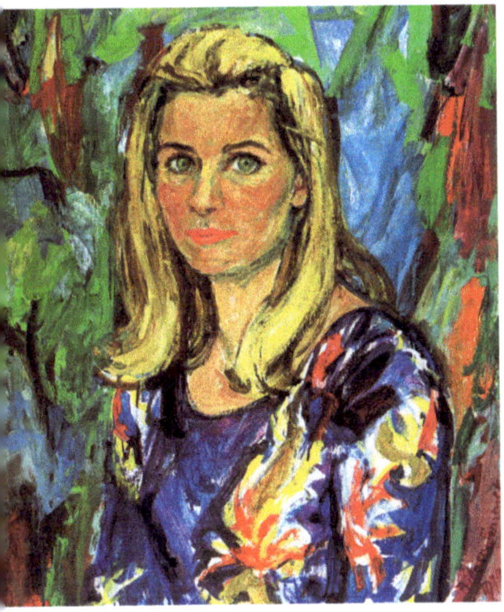

38: Frauenporträt Sabine Kling, 1970

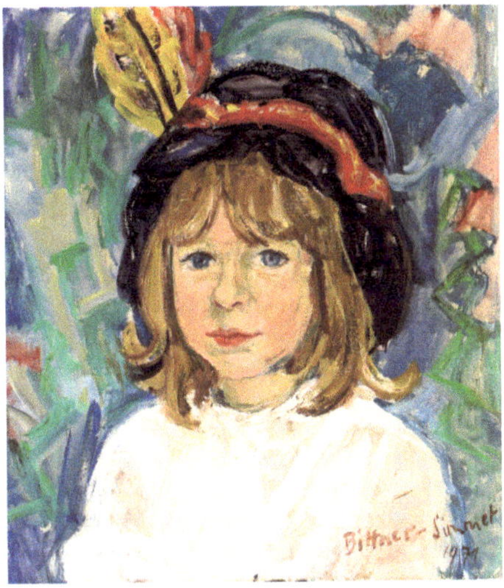

39: Kinderporträt Monika Lauterbach, 1971

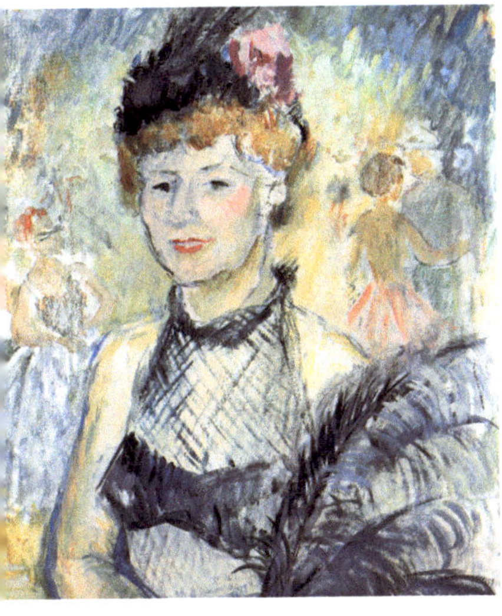

40: Porträt Ellen Schuster-Böckler, 1951

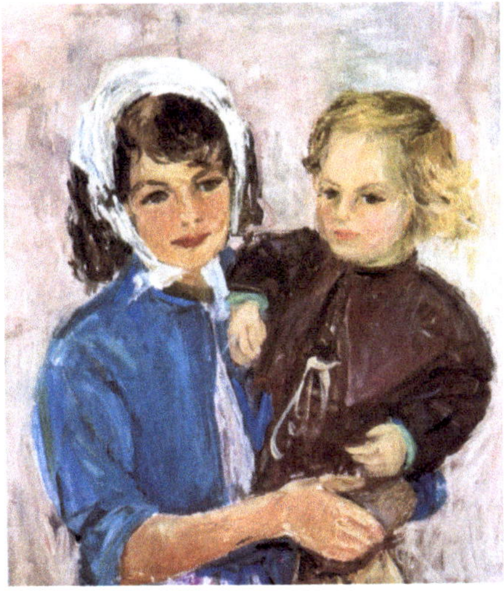

41: Italienische Geschwister, 1955

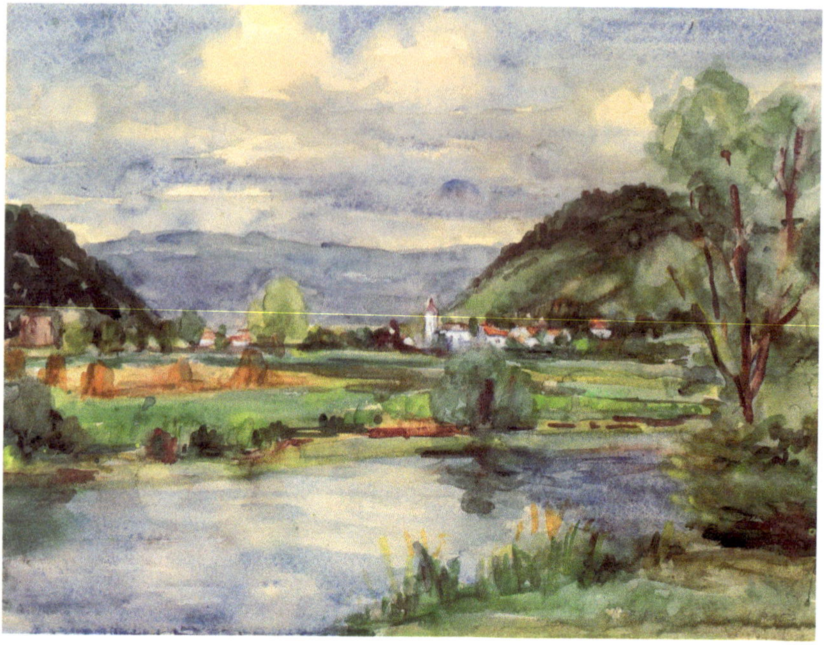

42: Sommer im Altmühltal, 1957

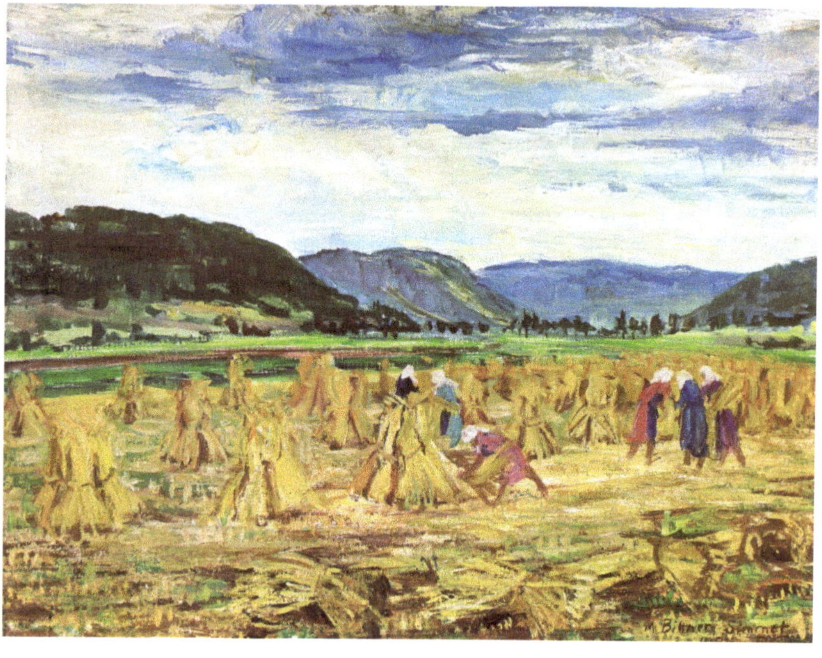

43: Frauen im Getreidefeld (Altmühltal), 1957

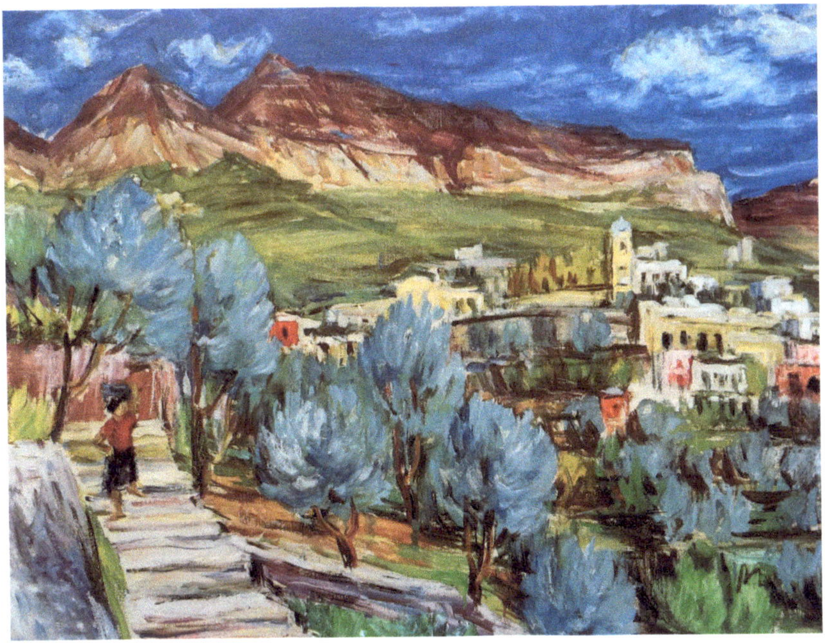

44: Monte Pertuso, 1960

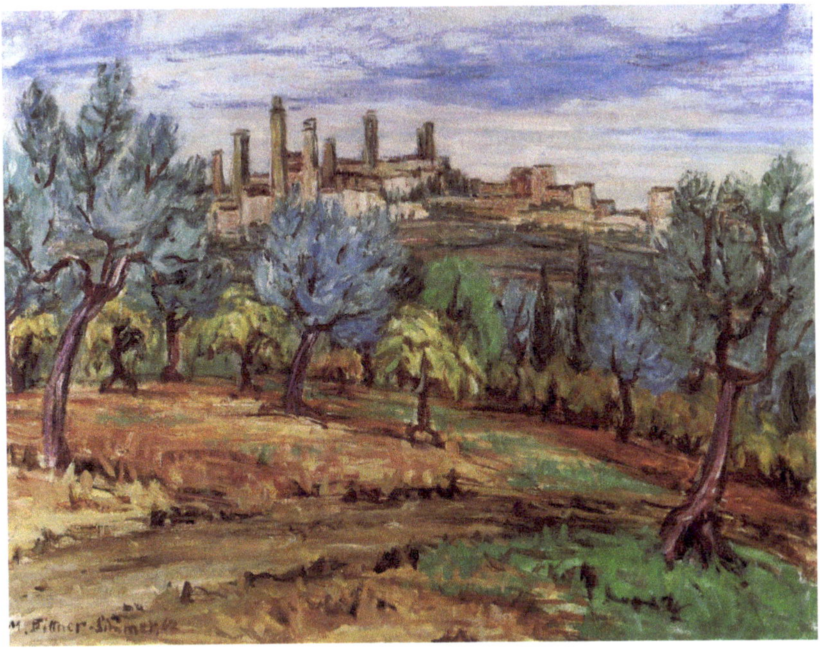

45: San Gimignano, 1962

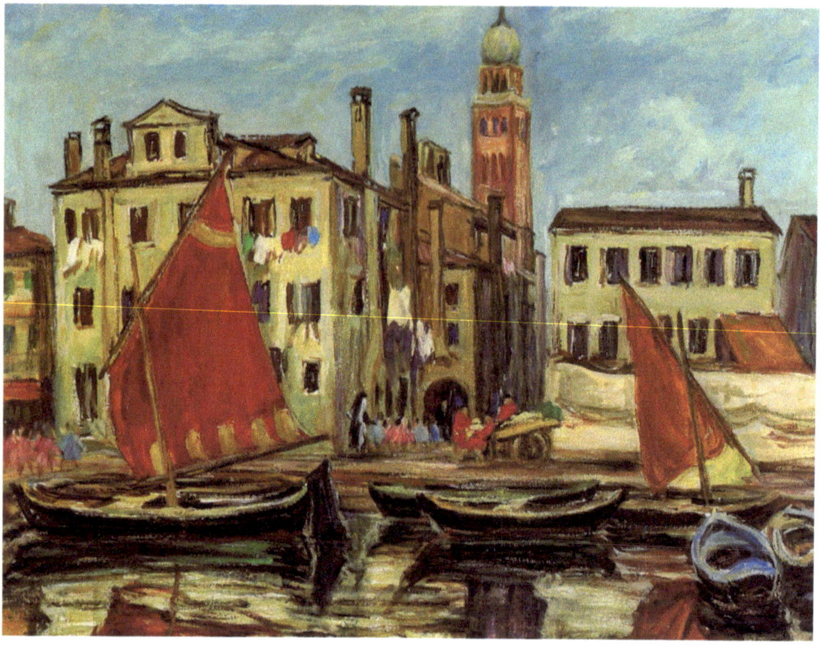

46: Abendleuchten um den Campanile, 1966

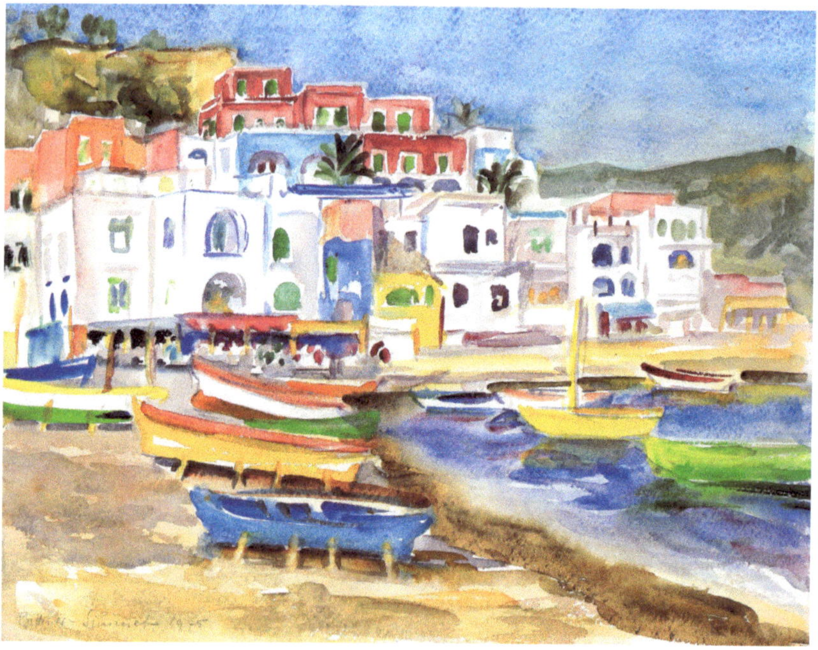

47: St. Angelo auf Ischia, 1975

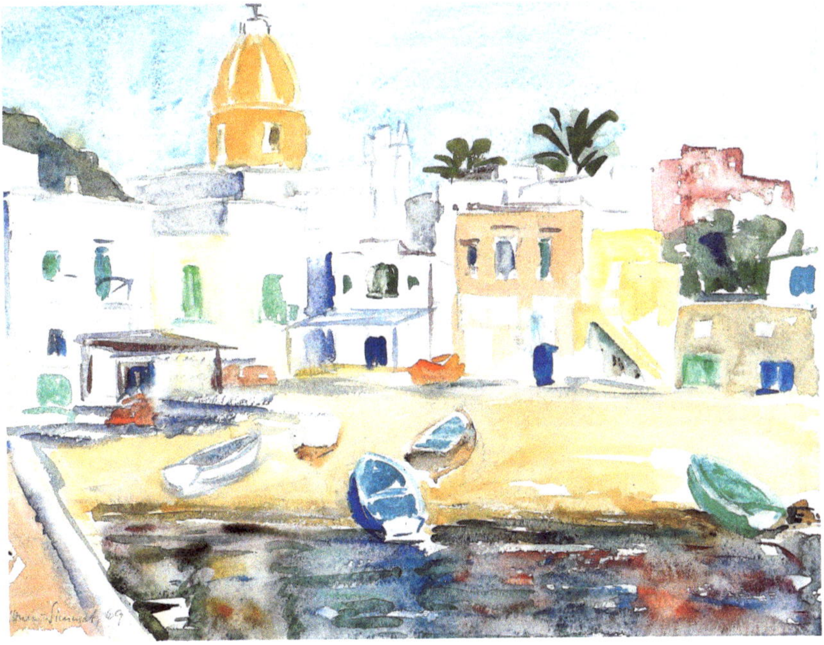

48: Kleiner Strand auf Ischia, 1969

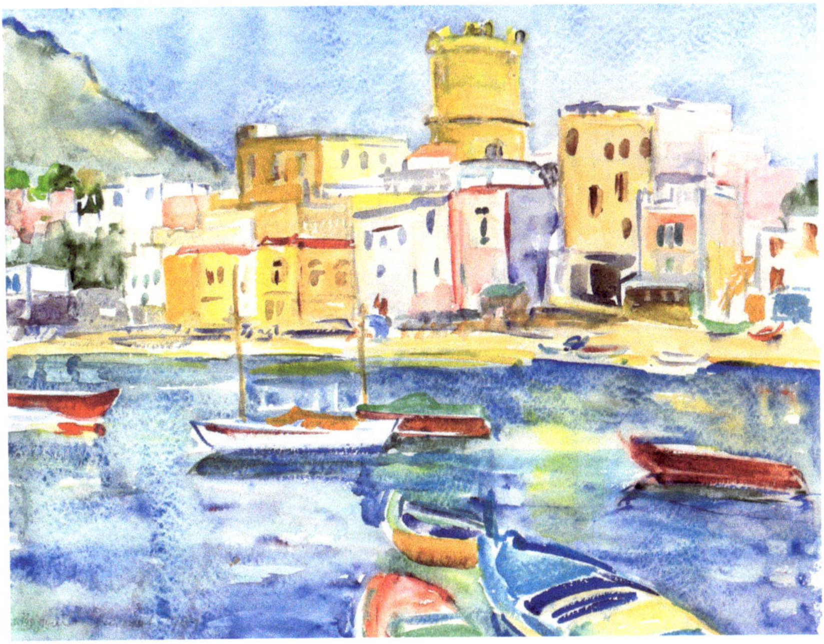

49: Forio mit Torre auf Ischia, 1969

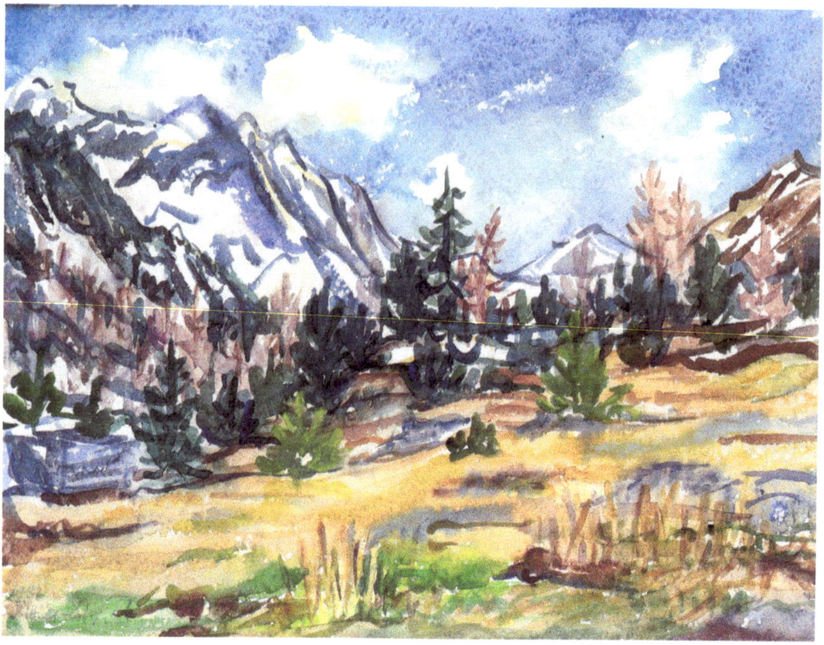

50: In der Hochsteiermark, 1982

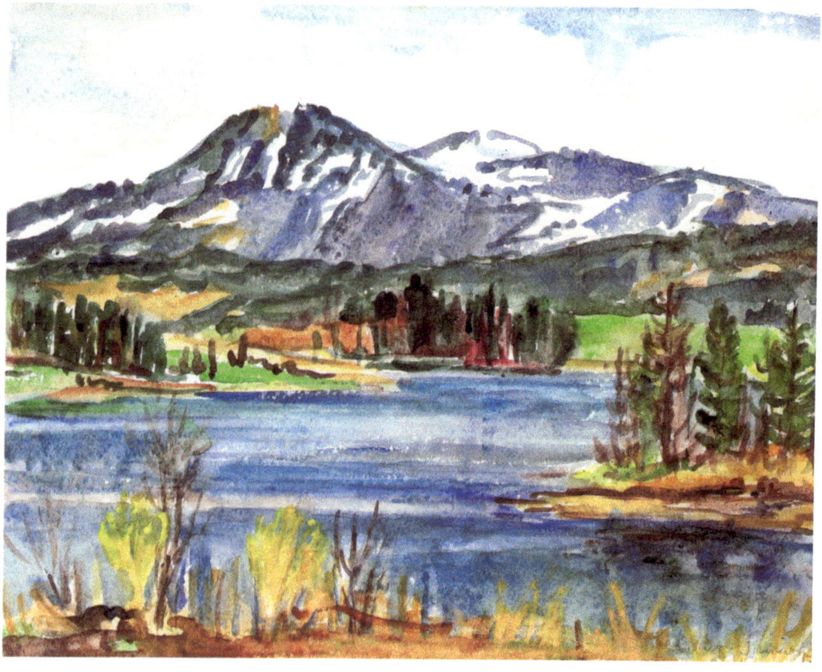

51: Vorfrühling am Grüntensee, 1971

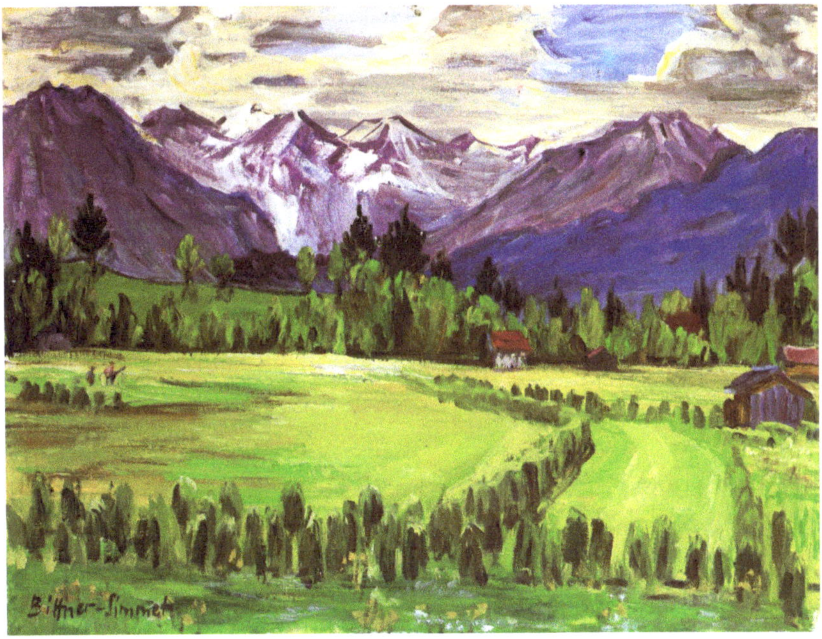

52: Heuernte im Oberstdorfer Tal, 1966

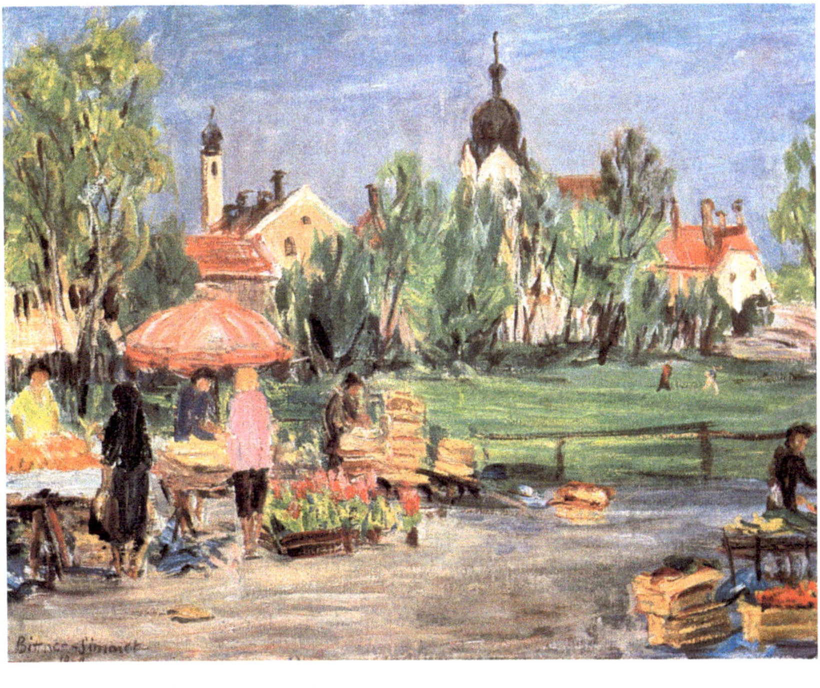

53: Grüner Markt in Erding, 1964

PRÄSENZ IM AUSSTELLUNGS-WESEN

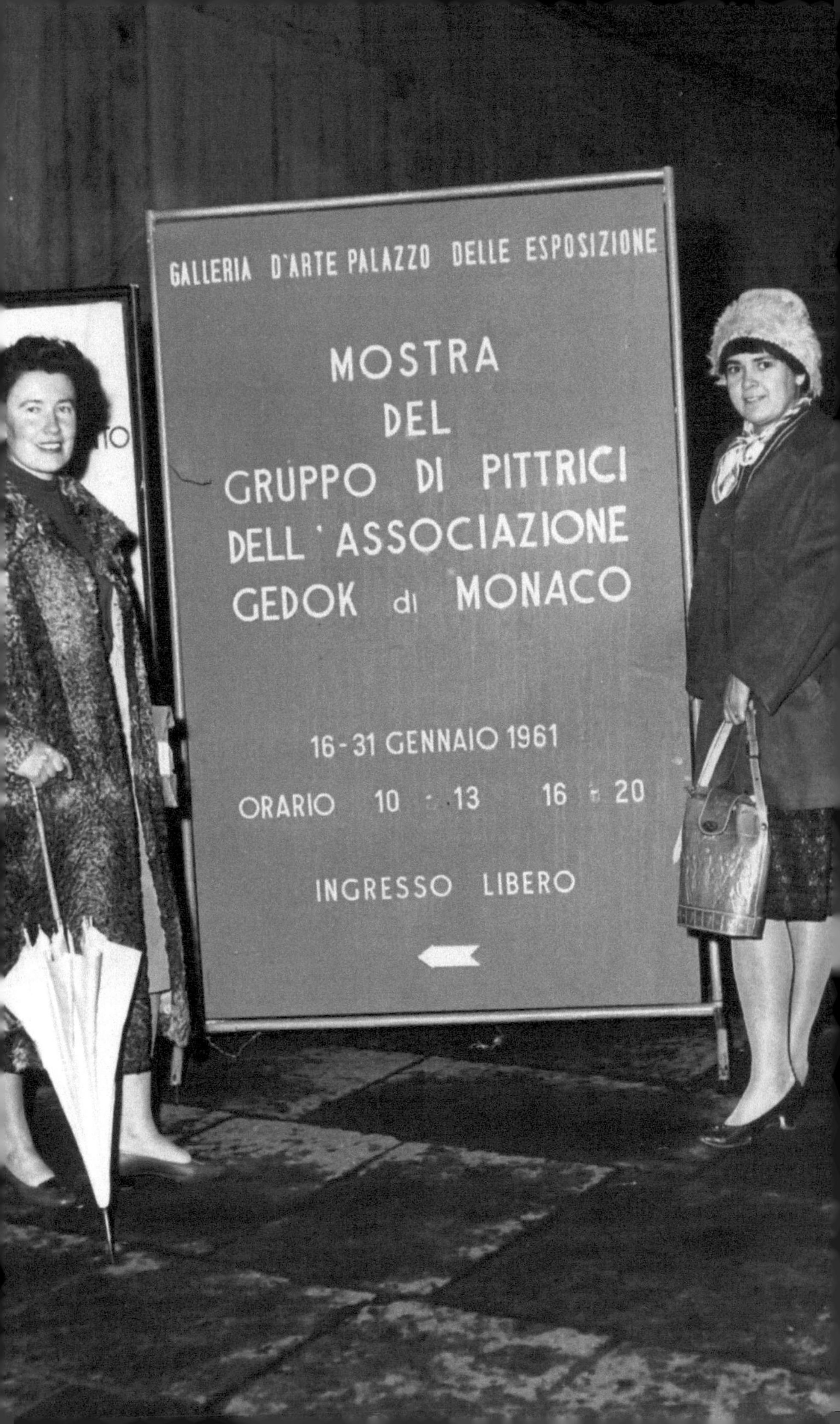
GALLERIA D'ARTE PALAZZO DELLE ESPOSIZIONE
MOSTRA
DEL
GRUPPO DI PITTRICI
DELL'ASSOCIAZIONE
GEDOK di MONACO
16-31 GENNAIO 1961
ORARIO 10 13 16 20
INGRESSO LIBERO

Ausstellungswesen ist gemeint als Medium der Kunstpräsentation, als Forum eines Wettbewerbs, wo Publikum und somit öffentliche Kritik mit der Kunst und der dementsprechenden Ausrichtung der Künstler aufeinandertreffen, wodurch eine Ausstellung zum Medium der Vermarktung wird. Voraussetzung dieser Konstellation ist die Institutionalisierung der Ausstellung und der Auftritt des Publikums als Adressat. Durch die Präsentation von Werken wird Kunst definiert, legitimiert und finanziert.[164] Zur Begriffsbestimmung kann auch hier wieder Bourdieu herangezogen werden, der von einem »Spiel« auf einem Feld ausgeht, in dem die Individuen und Institutionen mit unterschiedlichen Machtgraden über die Entscheidung der herrschenden Regeln gegeneinander antreten. Zur Positionssicherung auf dem Feld besteht die Möglichkeit, gesellschaftlichen Ruhm oder wirtschaftlichen Erfolg für sich einzubringen.[165] Die Präsenz von Unternehmungskünstlern[166] in Ausstellungen hat zum Ziel, aus dem Publikum Interessenten, Medienleute, Käufer und Auftraggeber zu gewinnen.[167] Dabei erfolgreich zu sein, setzt die Kenntnis über den Puls der Zeit sowie eine funktionierende Vermarktungsstrategie voraus, die Bittner-Simmet offenbar beherrschte. Der Ausstellungserfolg kurbelt in der Folge die Aktivität von Käufern, Auftraggebern und Mäzenen, wahrscheinlich auch jene der Kunstproduzenten an[168], die sich im Falle Bittner-Simmets eindeutig an der in der Öffentlichkeit gezeigten Kunst[169] sowie am Feedback ihres persönlichen Publikums orientierte. Im folgenden Kapitel wird es um das Agieren Bittner-Simmets in der »Sphäre der Distribution«[170] gehen.

---

164 Frei nach Bätschmann 1997, S. 9.

165 Pierre Bourdieu: Die Regeln der Kunst. Genese und Struktur des literarischen Feldes, Frankfurt am Main 2001. Zit. n. Beatrice von Bismarck: Auftritt als Künstler – Funktionen eines Mythos (=Kunstwissenschaftliche Bibliothek, Bd. 39), Köln 2010, S. 8.

166 Bätschmann meinte damit jene Kunstproduzenten, die für wechselnde Auftraggeber und nach Ausrichtung auf die Bedürfnisse des Marktes arbeiten im Unterschied zu Hofkünstler mit einer festen Anstellung und dem Ausstellungskünstler, der auf eigenes Risiko für das Urteil eines unbestimmten Adressaten arbeitet. Auf Bittner-Simmet trifft die Definition von Unternehmungskünstler zu.

167 Bätschmann 1997, S. 10.

168 Bätschmann 1997, S. 9.

169 Die Sammlung von Museums- und Ausstellungsbroschüren (1959–2004), Publikationen über KünstlerkollegInnen sowie über »Neue Museen in Bayern« (1985) bezeugen, dass sich Bittner-Simmet im Münchner Kunstgeschehen stetig auf dem Laufenden hielt. (Kontext/5 und Kontext/7; MBS-Archiv)

170 Held/Schneider 2007

Gruppenausstellungen oder der Weg zum Einzelauftritt

Bittner-Simmet nutzte nicht die Anbindung an eine Galerie, um mit ihren Werken in die Öffentlichkeit zu treten, sondern in den ersten 20 Jahren ihrer Karriere über den Anschluss an Künstlerverbände, vorwiegend in München, später auch im Allgäu. Bittner-Simmet war Mitglied in insgesamt sieben Vereinigungen: der NMKG, der GEDOK, dem Schutzverband Bildender Künste sowie den Berufsverbänden Bildender Künstler (BBK) München und Oberbayern e.V., Schwaben-Süd e.V. und BBK Schwaben Nord-Augsburg e.V.

Bis zur kontinuierlichen Beteiligung an den Schauen der großen Münchner Künstlervereinigungen nahm sie 1953[171] und 1954[172] an der Kunstausstellung im Nürnberger Universa-Haus teil, an einer Präsentation in ihrer Heimatstadt Erding anlässlich der 725-Jahrfeier der Stadt[173] sowie im Münchner Alten Rathaus auf der »3. Alpinen Kunstausstellung«[174].

Der Auftakt ihres Auftretens im Haus der Kunst bildete die Teilnahme an der Refüsierten-Ausstellung 1954[175], auf der von der »Grossen Kunstausstellung« (GKA) abgelehnte Künstler vertreten waren. Das Haus der Kunst war nach dem Krieg ein wichtiger Ort für die Präsentation einheimischer Kunst, an dem nicht nur berühmte Künstler, sondern auch solche, die »etwas auf sich hielten bei der alljährlichen Leistungsschau [GKA] präsent sein wollten«.[176]

---

171 April 1953: »Ständige Ausstellung von zeitgenössischen Werken der bildenden Kunst«. Dies war für Bittner-Simmet die erste Gruppenausstellung nach Kriegsende.

172 1. Quartal 1954: »Malerei – Graphik – Plastik«

173 29.08.–07.09.1953: »Volksfestausstellung 725 Jahre Erding«, Mädchenschulhaus Erding

174 09.08.–07.09.1954

175 11.11.–17.11.1954

176 Karl Ude: Maler in München. Ihr Weg ins Heute, in: Kiessling 1982, S. 10–13, hier S. 12. Michael Meuer widersprach dieser Aussage: Die GKA im Haus der Kunst wäre nicht besonders gefragt gewesen, weder im lokalen noch im internationalen Kunstkontext. Vgl. Zeitzeugenbericht von Meuer 2015.

Die Teilnahme daran war also ein erster Schritt der Verankerung in der Münchner Kunstszene. Bittner-Simmet konnte zwischen 1955 und 1967 insgesamt fünf Mal[177] an der GKA teilnehmen, die von der Ausstellungsleitung Haus der Kunst, konstituiert aus dem Zusammenschluss von NG, MS und NMKG, alljährlich organisiert wurde. Teilnehmende Künstler hatten laut Ausstellungsbestimmungen bei der Bewerbung »bekanntzugeben, bei welcher Gruppe ihre Werke zur Ausstellung kommen sollen (Neue Gruppe, Münchner Secession oder Neue Münchener Künstlergenossenschaft)«[178]. Bittner-Simmet bewarb sich bei der NMKG, der damals »treibenden Kraft der Münchner Kunstszene«[179]. In diesem Kreise wurden Positionen präsentiert, die sich auch bei anderen Gelegenheiten immer wieder begegneten.[180] Die künstlerische Opposition – wobei diese teilweise nicht eindeutig als solche ausgeprägt war – bildeten die NG-Künstler wie Arnold Balwé, Karl Caspar, Maria Caspar-Filser, Oskar Coester, Rupprecht Geiger, Willi Geiger, Ernst Geitlinger, Ernst Nay, Remigius Netzer, Fritz Winter, Felicitas Köster-Kaspar, Oskar Kokoschka, Anton Lamprecht sowie (bei der GKA 1955) Gabriele Münter und Karl Schmidt-Rottluff, um nur einige zu nennen, waren dort vertreten. Auch hier traf sie wieder auf aus anderem Kontext bekannte KollegInnen: Arnold Balwé aus der Galerie Malura, Maria Caspar-Filser kannte sie von Ausstellungen mit BBK und GEDOK und Anton Lamprecht privat und aus dem BBK. Die Beteiligung Bittner-Simmets an den Jahresausstellungen im Haus der Kunst endete im Jahr 1967, vermutlich, da sie die Ansprüche der Jury nicht erfüllte:

»Da Sie mich nun bereits 5 Jahre hintereinander von der Beteiligung an der Grossen Sommerausstellung ausgeschlossen haben, wende

---

177 13.05.–11.09.1955; 19.06.–04.10.1959; 25.06.–09.10.1960; 07.06.–01.10.1961; 08.06.–24.09.1967 (»Große Kunstausstellung«)

178 Weiter in den Ausstellungsbestimmungen für die GKA 1966: »Es kann nur bei einer Gruppe eingeliefert werden.« Eingereicht werden konnten »Originalwerke der Malerei, Graphik und Plastik, die in einer Münchener Jahresausstellung noch nicht zur Ausstellung gelangten.« (Werk/4; MBS-Archiv)

179 Karl Ude: Maler in München. Ihr Weg ins Heute, in: Kiessling 1982, S. 10–13, hier S. 10.

180 Lothar Dietz in der Schwabinger Nachbarschaft, Hermann Geiseler in der Galerie Malura, Karoline Wittmann und Maria Weber bei der GEDOK und im BBK.

ich mich mit der Frage an Sie, ob Sie, d.h. die jeweils wechselnde Jury meine Arbeiten für zu schlecht befinden, um dem Niveau der Grossen Sommerausstellung zu entsprechen, denn nur darum kann es gehen bei einer Gruppe, die letztlich alle Stilarten der Malerei vertritt, oder ob ich den Grund für meine Ablehnung in einer missgünstigen oder feindseligen Einstellung gegen meine Person zu suchen habe.«[181]

Die Mitgliedschaft Bittner-Simmets beim BBK München-Oberbayern e.V. ermöglichte ihr ebenso eine häufige und kontinuierliche Präsenz über 19 Jahre.[182] Die häufigste Teilnahme erfolgte an der Verkaufsausstellung in der Weihnachtszeit.[183] 1969 nahm sie an der Jahresausstellung und im selben Jahr an der Ausstellung »100 Jahre Alpine Malerei« teil, 1971 an der Frühjahrsausstellung, 1972 an »Bayerische Künstler heute« und 1974, zum letzten Mal im Verband, bei »Bayerische Künstler. Die Stadt«. Bei der Weihnachtsausstellung waren über die Jahre immer wieder dieselben Künstler vertreten wie Pilar von Bayern, Anton Lamprecht, Hedwig von Branca, Maria Caspar-Filser[184], Hermann Geiseler, Elfriede Mäckel[185] und Karoline Wittmann[186]. Der bereits öfters erwähnte Lamprecht war auch zeitweise Jurymitglied. Bei Betrachtung der Beteiligten, die entweder die Schirmherrschaft über-

---

181 Weiter: »Solche Äusserungen sind jedenfalls von Kollegen bereits gefallen. Da Sie meine Arbeiten vor 10 Jahre gut genug gefunden haben um sie in der Grossen Sommerausstellung zu zeigen und mich jetzt, da sie nach Ansicht von zuständigen Fachleuten reifer und keineswegs schlecht geworden sind, dauernd ablehnen, bitte ich Sie zu meiner Anfrage Stellung zu nehmen.« Bittner-Simmet an die NMKG, ohne Datum
Antwort des 1. Schriftführers Wolf Bloem der NMKG am 28.09.1966: »Wenn Sie (und andere) der Ansicht sind, daß Ihre Arbeiten ›reifer und keineswegs schlechter‹ geworden sind, warum reichen Sie nicht bei einer anderen Gruppe ein? Wenn, wie sie schreiben, vor 10 Jahren Ihre Werke für gut genug befunden wurden, so ist zu bedenken, daß heute vielfach andere und jüngere Kollegen in den Jurys sitzen und daß sich das Urteil im Lauf eines Jahrzehnts zu wandeln pflegt.« (Korrespondenz; Werk/4; MBS-Archiv)

182 1955–1974

183 1955; 1957–1963; 1965–1969 und 1971

184 1955/1956 und 1959/1960

185 1969/1970 und 1971/1972

186 1955/1956 und 1965

nahmen[187], ein Vorwort in der Broschüre schrieben[188] oder in der Jury saßen[189], wird klar, dass Bittner-Simmet diese Kontakte für ihre späteren Einzelausstellungen und Förderungen nutzte.

Weniger häufig vertreten, nämlich genau vier Mal, war Bittner-Simmet bei den vom Schutzverband Bildender Künstler organisierten Ausstellungen im Pavillon des Alten Botanischen Gartens. In der Ausstellung von 1963 zusammen mit Dieter Averbeck konnte sie zum ersten Mal innerhalb einer Kollektivausstellung eine größere Anzahl von Werken zeigen.

Weitaus bedeutender erscheinen die Ausstellungen, die Bittner-Simmet im Rahmen der GEDOK realisierte, die sie teilweise auch ins Ausland führten.[190] Einerseits bezeugen sie Bittner-Simmets Interesse an der gesellschaftlichen und beruflichen Gleichstellung von Frauen in der Kunstwelt, andererseits an der Zusammenarbeit mit prominenten Künstlerinnen. Rege Teilnahme an Ausstellungsprojekten zeigte sich zwischen 1958 und 1963, währenddessen Bittner-Simmet auch Vorsitzende, Ausstellungsleiterin und -jurorin war. In diesem Kreis traf sie mit bereits aus anderen Vereinigungen bekannten Künstlerinnen wie Maria Caspar-Filser, Pilar von Bayern, Hedwig von Branca, Felicitas Köster-Caspar, Gabriele Münter, Maria Weber und Karoline Wittmann zusammen. Ebenso ergaben sich durch in diesem Kreis geschlossene Bekanntschaften persönliche Förderungen.[191] Die letzte Zusammenarbeit mit der GEDOK fand im Jahre 1966 statt.[192]

1963 bahnte sich eine geografische Umorientierung durch die Einrichtung eines Zweitwohnsitzes in St. Mang (Kempten) in Richtung Allgäu an, wodurch die Künstlerin berechtigt war, dem dortigen BBK beizutreten und an den Ausstellungen teilzunehmen.[193]

---

[187] OB Vogel bei »100 Jahre Alpine Malerei« (1969); das Bayerische Staatsministerium für Unterricht und Kultus bei »Bayerische Künstler. Die Stadt« (1974)

[188] OB Georg Kronawitter bei »Bayerische Künstler. Die Stadt« (1974)

[189] Anton Lamprecht bei »Weihnachtsausstellung« (1959/1960)

[190] Mehr dazu in Kapitel »Internationale Vernetzung kollektiv und solo«.

[191] Etwa mit Hohenemser (vgl. Anm. 158).

[192] Der Grund für den Austritt aus der GEDOK ist bisher unbekannt. Offensichtlich hatte Bittner-Simmet noch Interesse an der Teilnahme an der »Kunstausstellung der GEDOK 1963«, da im vorliegenden Begleitheft die »24 [teilnehmenden] Münchn. Malerinnen« handschriftlich markiert wurden. (Werk/4; MBS-Archiv)

[193] Hierzu: in den Aufnahmebedingungen für die »21. Grosse Schwäbische Kunstausstellung« 1969: »Jeder im Regierungsbezirk Schwaben ansässige Künstler ist be-

Außerdem erfolgte dabei eine Ausweitung ihres Bekanntheitsgrades. In der Folge nahm sie zwischen 1963 und 1968 vier Mal an den Verkaufsausstellungen des BBK Schwaben-Süd, zwischen 1964 und 1971 jährlich an der Kunstausstellung anlässlich der Allgäuer Festwoche sowie vier Mal[194] an der Sonthofener Kunstausstellung teil. Besonders der Kontakt zu Oberbürgermeister August Fischer, der für die Allgäuer Festwoche die KünstlerInnen mit auswählte, erwies sich für Bittner-Simmet hinsichtlich zukünftiger Förderung und Weiterempfehlung als förderlich.[195]

Der Vollständigkeit halber seien noch weitere Gruppenausstellungen genannt, an denen die Künstlerin teilnahm, jedoch nicht im Kontext einer Künstlervereinigung: 1959, 1966 und 1968 im Kreuzherrnsaal in Memmingen, 1959 an »Münchner Künstlerinnen in Augsburg« im Palais Schäzlerhaus[196], 1971 als Gast der Künstlergilde e.V. im Haus Cavazzen in Lindau zum Thema Bildnismalerei, 1974 bei einer Gruppenausstellung in Beilngries[197], 1981 »Deutsche Künstler der Gegenwart. Malerei – Graphik« in Bonn-Bad Godesberg anlässlich der Verleihung der Euro-Medaille für Kunst und Kultur des Europäischen Kulturkreises Baden-Baden[198] und 1984 an »Werke bayerischer Künstlerinnen Malerei – Graphik – Textilkunst« in der Bayerischen Vertretung Bonn. Zur Teilnahme an der letzteren, die aufgrund der Schwerpunktsetzung auf Werke von Künstlerinnen[199] hervorzuheben

---

rechtigt an der Ausstellung teilzunehmen und bis zu 7 Originalarbeiten der Malerei Grafik und Plastik einzureichen.« (Werk/4; MBS-Archiv)

194 1965–1971

195 Hierzu: Bittner-Simmet an OB i.R. August Fischer am 25.10.1973: »Nach wie vor würde ich doch gerne – wie schon oft geäussert – Ihre sehr attraktive Frau Gemahlin porträtieren. Auch würde mich wieder einmal eine Kollektivausstellung meiner Arbeiten in Kempten interessieren; denn an den üblichen Gruppenausstellungen des Verbandes werde ich mich voraussichtlich nicht mehr – es sei denn nach besonderer Aufforderung – beteiligen.« (Korrespondenz; Werk/4; MBS-Archiv)

196 Wieder mit Pilar von Bayern, Hedwig von Branca und Maria Caspar-Filser.

197 Eröffnungsrede von Deinlein; Berichte in den Medien wurden mit »Regierungspräsident eröffnete Kunstausstellung« betitelt. (z.B. Donau-Kurier, Nr. 179 vom 05.08.1974, S. 6; Werk/5-1; MBS-Archiv)

198 Teilnahme nicht 100% gesichert, da aus der Korrespondenz eine Ablehnung für die Entgegennahme seitens Bittner-Simmets hervorgeht, sich die Medaille aber in ihrem Besitz befindet. (Korrespondenz; Werk/4; MBS-Archiv)

199 Peter Schmidhuber bei der Eröffnungsrede: »[...] Wenn heute hier nur Künstlerinnen vertreten sind, so mögen Sie dies als unseren Beitrag zur Emanzipation der Frau deuten. [...] Wir sind der Auffassung, daß man der Frau als Künstler allzu lange

ist, kam sie über Staatsminister Peter Schmidhuber, der sich für die Vermittlung zu einer späteren Ausstellung Bittner-Simmets einsetzte.[200] Eine Ausstellung 1974 in der Schwabinger Woche war wohl aufgrund einer vorliegenden Werkliste geplant, laut Korrespondenz aber nicht realisiert:

> *»Wer wählt denn die Künstler, die während der Schwabinger Festwoche ausstellen aus* […]*? Daß ich nach Seerosen-Art, wenn irgend möglich von diesen Dingen ausgeschlossen werde, bin ich beinahe schon gewöhnt. Aber seit wann schliesst sich der Verkehrsverein der Stadt München diesen Methoden an?* […] *Glauben Sie ich hätte es weniger nötig als andere meine Arbeiten zu zeigen, oder gehöre ich nicht zu den Schwabinger Malern, obwohl ich zeit meines Lebens in Schwabing wohne?* […] *Ich kann mir wirklich nicht länger leisten, mich wie bisher aus der Konkurrenz drängen zu lassen. Es genügt schon, dass dieselben Leute dies so erfolgreich im Haus der Kunst zuwege gebracht haben.«*[201]

Die letzte Gruppenausstellung – die gleichzeitig auch der letzte öffentliche Auftritt von Werken der Künstlerin war – fand 2002 in der Seidlvilla unter dem Titel »Kunst als Lebenselixier« statt, zu der sie von der Kuratorin Anna Jutta-Pietsch und Leiterin der Seidlvilla Marta Reichenberger eingeladen wurde.[202]

Zuletzt seien noch zwei Auffälligkeiten angemerkt, die sich bei allen genannten Veranstaltungen beobachten lassen: Erstens die Preislage der Werke Bittner-Simmets, die sich im Vergleich zu Kunstwer-

---

die gebührende Anerkennung verweigert hat. […] So ist die Kunstgeschichte bisher weitgehend eine Geschichte der Kunst von Männern.« (Abschrift Eröffnungsrede; Werk/4; MBS-Archiv)

200 Hierzu: Schmidhuber an Bittner-Simmet am 19.09.1983: »Wie Sie mich haben wissen lassen, sind Sie an einer Ausstellung in der Bayerischen Vertretung interessiert. […] Ich darf mir daher erlauben, Sie sehr herzlich zu einer Beteiligung einzuladen.« (Korrespondenz; Werk/4; MBS-Archiv)

201 Bittner-Simmet an Herrn Huber (Verkehrsverein München e.V. = Organisator der Schwabinger Woche) am 05.06.1971 (Korrespondenz; Werk/4; MBS-Archiv)

202 Eingeladen wurden ältere Künstlerinnen einer Generation, die es schwer hatten, Ausstellungsmöglichkeiten zu bekommen. Einführung: Anna-Jutta Pietsch; Eröffnung: Stadträtin Monika Renner; Begleitprogramm: Diskussionsveranstaltung (19.01.2002) zum Thema »Geschlechterdifferenz in Kunst und Kultur« mit Künstlerinnen aus drei Generationen. (Begleitheft; Werk/4; MBS-Archiv)

ken anderer ausstellender Künstler immer im höheren Durchschnitt bewegte[203] und zweitens die Tatsache, dass sich Bittner-Simmet aktiv für die Ermöglichung ihrer Beteiligung einsetzte[204]. Dies führt noch einmal vor Augen, wie fruchtbar ihr ergebnisorientiertes Agieren war.

Einzelausstellungen oder die Künstlerin als Kuratorin

Ab den 70er-Jahren konzentrierte sich ihre Ausstellungstätigkeit, die sich über fast weitere 30 Jahre erstreckte, aufgrund »einseitiger Ausrichtung der üblichen Gruppenausstellungen«[205] immer mehr auf Einzelausstellungen. Vermutlich zog sich Bittner-Simmet aufgrund verstärkter Beteiligung progressiver Künstler und folglich Missachtung von gegenständlich arbeitenden Positionen am BBK zunehmend zurück[206]. Diese Situation schilderte und begründete sie auch gegenüber Franz Josef Strauß:

---

203 Der preisliche Durchschnitt der Werke bei der BBK-Weihnachtsausstellung lag zwischen 300–400 DM; Bittner-Simmets Ölbild »In den Dolomiten« war um 850 DM erwerblich. (Preislisten betreffender Ausstellungen; Werk/4; MBS-Archiv)

204 Hierzu beispielsweise: Bittner-Simmet an H. Schubert, 1. Vorsitzender des BBK Schwaben-Süd am 25.04.1967: »Mit diesem Schreiben möchte ich Bezug auf das mit Ihnen am 21.4.67 geführte Telefongespräch nehmen und mich hiermit schriftlich für eine Kollektiv-Ausstellung im Kunstkabinett anmelden. Damit wiederhole ich meinen mündlichen Antrag nach der Generalversammlung von 1966. Da eine Ausstellung, wie Sie sagten erst für 1968 in Frage kommt, sind seit meiner ersten Kemptener Ausstellung 5 Jahre vergangen. Nun bin ich ja auch schon ein langjähriges Verbandsmitglied u. beabsichtige, mich mit völlig neuen Arbeiten vorzustellen. Ich bitte Sie daher, meinen Antrag in dem genannten Kuratorium durch den Einfluß Ihrer Persönlichkeit zu unterstützen und mir sobald es Ihnen möglich ist, den in Aussicht gewonnenen Termin mitzuteilen.« (Korrespondenz; Werk/4; MBS-Archiv)

205 Bittner-Simmet an Herrn Kaufmann (Ausstellungsplanung der Bayerischen Versicherungskammer) am 29.04.1981. (Korrespondenz; Werk/4; MBS-Archiv)

206 Hierzu: Bittner-Simmet an ihre KollegInnen des BBK am 24.02.1983: »Die gegenständlichen Maler werden ausjuriert oder bei juryfreien Ausstellungen so schlecht gehängt, dass man fast von einer Berufsschädigung sprechen kann.« (Korrespondenz; Kontext/6; MBS-Archiv)

»In fast allen Künstlerverbänden haben Funktionärstypen das Sagen, die nur ihre Hausmacht mitkommen lassen, nihilistisch und gesellschaftskritisch, versteht sich. Außer einer großen Eloquenz haben sie tatsächlich künstlerisch meist nicht viel zu bieten, dafür aber umso größere Durchsetzungskraft. Ich selbst war schon vor Beginn der Jury ausjuriert [bei der Bewerbung für eine in Wien stattfindende Ausstellung »Bayerischer Künstler in Wien«], denn ich bin ja die einzige, die in unserem BBK-Ausschuß den obengenannten Methoden wiederholt entgegentrat. Nun habe auch ich nach 30 Jahren aufgegeben, gegen diese rücksichtslose Übermacht zu kämpfen.«[207]

Anstelle der Besprechung jeder einzelnen Ausstellung, die aufgrund des limitierten Rahmens dieser Arbeit nicht durchgeführt werden kann, wird aus den aussagekräftigsten Beispielen das Charakteristische extrahiert, um einen Gesamteindruck ihrer kuratorischen Ausstellungstätigkeit und -organisation zu erhalten. Die Einzelausstellungen werden untergliedert in Veranstaltungen, die im öffentlichen Raum oder im privaten Raum – d.h. in ihrem Atelier – stattfanden und jeweils gesondert erörtert. Ganz wesentlich ist bei der Realisierung ihrer Ausstellungen, dass die Künstlerin selbst als Ausstellungsmacherin fungierte und das komplette Setting bestimmte.

Gedanken über die Wirksamkeit einer Ausstellung machte sich Bittner-Simmet bereits bei ihrer ersten großen Einzelausstellung im öffentlichen Raum[208], wozu sie sich folgendermaßen äußerte:

»Meine Erfahrungen aus der letzten Ausstellung in Frankreich haben mich auf folgende Punkte hingewiesen, es ist wichtig: 1. Die Ausstellung mindestens vier Wochen evtl. etwas länger laufen zu lassen (nur dann ist die Möglichkeit, einen Verkaufserfolg zu erzielen, eingeschlossen). 2. Daß die Ausstellung in einem öffentlichen Rahmen abläuft, sodaß der Kunsthandel nicht immer mit der sehr wesentlichen finanziellen Beteiligung im Spiele ist. 3. Daß die ein-

207 Schreiben vom 04.03.1984 (Korrespondenz; Kontext/6; MBS-Archiv)

208 »Kunstausstellung Magda Bittner-Simmet, Gemälde und Graphiken« im Goslarer Museum vom 12.07.–31.08.1971

ladende Institution, in diesem Fall die Stadt Goslar, einen Teil der Unkosten übernimmt oder durch Ankauf abdeckt.«[209]

Die Erfahrung in der Ausstellungsorganisation brachte sie 1994 schließlich zur Erkenntnis, dass für eine gelungene Ausstellung »der richtige Zeitpunkt, die Dauer der Ausstellung u. eine gute PR-Vorbereitung nötig ist, um in dem übersättigten München richtig anzukommen.«[210]

Doch bevor eine Ausstellung zustande kommt, muss erst einmal die Idee dazu entstehen und die Initiative dafür ergriffen werden.

Für die Ausstellung im Goslarer Museum 1971 wandte sich Bittner-Simmet mit konkreten Vorstellungen an Werner Hillebrand (Städtischer Archivdirektor und Direktor der städtischen Sammlung Goslar)[211], nachdem ihr dies von Herrn Beerboom empfohlen wurde, der sie mit Herrn Lenz[212] in ihrem Atelier besucht hatte. Aus derselben Eigeninitiative heraus fand die Bewerbung für »Magda Bittner-Simmet Gemälde und Graphik« im Heimatmuseum Erding 1987 statt. Hier liest sich im Brief an Bürgermeister Gerd Vogt am 11.03.1987: »Als Sie mich unlängst mit Ihrem Herrn Kulturreferenten und Stadtbaumeister im Atelier besucht haben, sprachen wir von einer Ausstellung im neuen Erdinger Heimatmuseum im Sommer dieses Jahres.«

Sogar ein mehrmaliger Kuraufenthalt der Künstlerin im Parkhotel Bad Griesbach führte zur Realisierung von drei Einzelausstellungen im Hotel.[213] Anlass ihrer letzten Einzelausstellung in der Galerie der Bayerischen Landesbank 1996/97 war ihr 80. Geburtstag.[214]

---

209 Bittner-Simmet an Karl-Ernst Lenz (Brauerei Einbeck) am 06.07.1970 (Korrespondenz; Werk/4; MBS-Archiv)

210 Bittner-Simmet an Franz Neubauer (Präsident Bayerische Landesbank) am 17.11.1994 (Korrespondenz; Werk/4; MBS-Archiv)

211 Hierzu: Bittner-Simmet an Hillebrand am 04.08.1970: »Wenn Sie damit einverstanden sind, so würde ich die Ausstellung gerne so zusammenstellen, dass ein Querschnitt durch meine ganze Arbeit dargestellt wird, bestehend aus Ölbildern (Portraits, Landschaften, Blumen, Akt), Aquarellen und Zeichnungen, so dass sowohl die Repräsentation als auch eine Möglichkeit des Verkaufes gegeben ist.« (Korrespondenz; Werk/4; MBS-Archiv)

212 Karl-Ernst Lenz war ein Bekannter Bittner-Simmets und Besitzer der Brauerei Einbeck.

213 1986, 23./24.06.1987 bis Ende Juni 1987; 17.09.–02.10.1988

214 Hierzu: Tretter an Bittner-Simmet am 21.02.1995: »Wie bei dem kürzlichen Atelierbesuch abgesprochen, wird in der Galerie der Bayerischen Landesbank eine reprä-

Um ihren Ausstellungen Wirksamkeit zu verleihen und sie auch entsprechend zu würdigen, bemühte sich Bittner-Simmet, für die Eröffnung prominente Persönlichkeiten zu versammeln[215], die bis zum Ende ihrer Ausstellungstätigkeit hin immer hochkarätiger wurden.

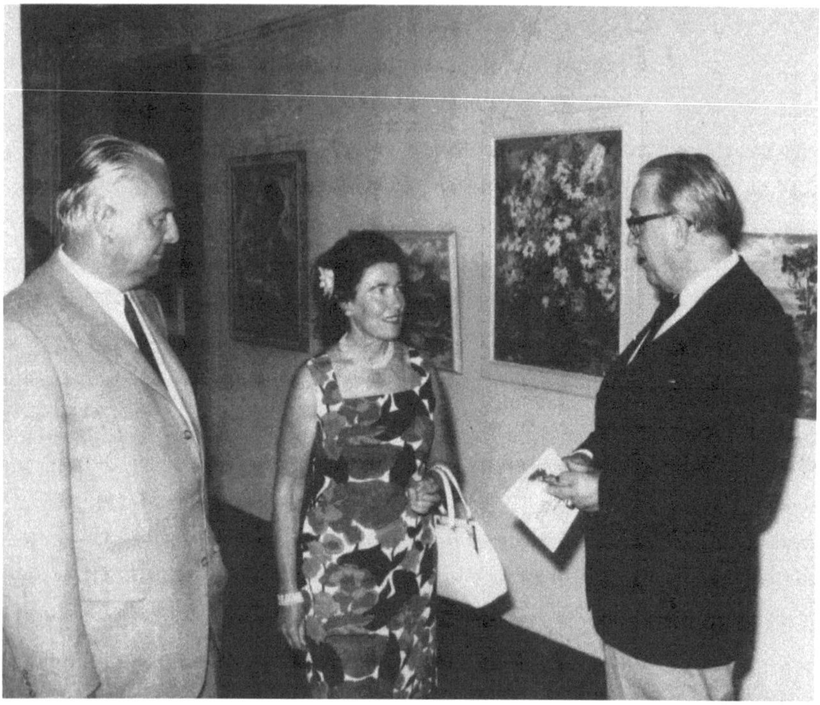

55: Ausstellungseröffnung in Goslar mit Oberbürgermeister Dr. Degenhardt und Brauereidirektor Karl-Ernst Lenz, 1971

sentative Ausstellung zu ihrem ›runden‹ Geburtstag gezeigt werden.« (Korrespondenz; Werk/4; MBS-Archiv)

215 Hierzu: Bittner-Simmet an Lenz am 25.06.1971: »Kennst Du den Herrn Oberstudienrat Fritz Creutzfeld, Bad Harzburg, der die einführenden Worte sprechen soll. Ich hätte eigentlich schon erwartet, daß Herr Dr. Hillebrand dies übernimmt, andernfalls hätte ich mich doch bemüht einen Mann mit Namen aus dem Kunstleben mitzubringen.« (Korrespondenz; Werk/4; MBS-Archiv)

Zur gut besuchten[216] Ausstellung in der Parlamentarischen Gesellschaft in Bonn 1990[217] wurde sie von Reinhold Kreile[218] eingeladen. In die Ausstellung führte Wolfgang Sandermann[219] ein. Helmuth Leutheusser[220] begrüßte die Gäste der Vernissage und für die Eröffnung war hier Hans Zehetmair[221] zuständig. Auch sprach er zu ihrer letzten Einzelausstellung in der Galerie der Bayerischen Landesbank das Grußwort.[222] Bittner-Simmet bewarb für die einleitenden Worte Peter Eickemeier[223], jedoch erfolglos.

Ebenso namhaft wie die Beteiligten sollten die geladenen Gäste sein: Medienberichterstatter, KulturreferentInnen, Ministerpräsidenten, Ministerialdirigenten, Landtagspräsidenten, Oberbürgermeister, Regierungspräsidenten, Vereinsvorsitzende, KünstlerkollegInnen oder Museumsdirektoren wurden geladen. Die Auswahl der geladenen Gäste, worauf Bittner-Simmet großen Wert legte, war stets wohlbedacht in der Absicht einer großen Resonanz in der Öffentlichkeit:

---

216 Vgl. Zeitzeugenbericht von Kreile 2014. Kreile erinnerte sich u.a. daran, dass im Rahmen der Ausstellung Gespräche über gegenständliche Malerei, über die Kunst der Landschaftsmalerei, ihre Notwendigkeit, ihr auch mit neuen ebenso wie mit alten Stilmitteln Ausdruck zu geben, geführt wurden. Gespräche über die Kunst, ihre Entwicklung und Beständigkeit und dass der Streit über Stil und handwerkliches Können, über die Kraft der Fantasie und ihre Verführung zum Wesen der Kunst gehört, Künstler sich streiten müssen, um sich behaupten zu können, und dass das – schauende – Publikum in den Streit durchaus einbezogen werden muss.

217 »Magda Bittner-Simmet. Gemälde und Graphik«, 05.02.–16.02.1990

218 Bittner-Simmet und Kreile begegneten sich im CSU-Kreis. Kreile war zeitweise finanzpolitischer Sprecher der CSU/CDU-Fraktion während seiner Mitgliedschaft im Deutschen Bundestag (1969 bis 1990).

219 Geschäftsführer der Fa. Thyssen Rheinstahl Technik GmbH Düsseldorf

220 Vorsitzender der Olaf Gulbransson Gesellschaft e.V.; Bittner-Simmet war Mitglied. Vermutlich leitete Leutheusser auch die Ausstellung im Haus des Gastes am Tegernsee 1991 (»Magda Bittner-Simmet. Gemälde und Graphik«, 13.10.–30.10.1991) in die Wege.

221 Zehetmair (geb. 1936) war Staatsminister für Unterricht und Kultus von 1986–1989, ab 1990 Staatsminister für Unterricht, Kultus, Wissenschaft und Kunst und ab 1998 Staatsminister für Wissenschaft, Forschung und Kunst. Von 1993–1998 war er Stellvertretender Ministerpräsident Bayerns. Im Folgenden Zehetmair genannt.

222 »Magda Bittner-Simmet. Eine Malerin (Malerei) zwischen Tradition und Moderne«, 28.11.1996–12.01.1997

223 Stellvertretender Generaldirektor der Bayerischen Staatsgemäldesammlungen

»Merkwürdigerweise ist eine Einladung nach Lindau an Herrn Dr. von Rom [...] gekommen, während die von mir besagten Münchner Adressaten alle bis jetzt keine Einladung erhalten haben.
Unter den angegebenen Adressen sind viele Personen, die direkt oder indirekt mit der Presse zu tun haben oder in wesentlichen Positionen der Öffentlichkeit stehen und entweder schon von mir gemalt sind oder sich allgemein sehr für Malerei interessieren. Es wäre deshalb schade, wenn die beabsichtigte Werbewirkung verloren ginge.«[224]

Die meist seitenlangen Gästelisten erstellte sie häufig mit Hilfe von entsprechenden Empfehlungen.[225] Mit Überzeugungskraft formulierte sie ihre Einladungen, um die Erscheinung der Prominenz zu sichern:

»Da Sie ja einige Arbeiten von mir angekauft haben, wäre der Überblick über das Gesamtschaffen sicher nicht uninteressant. Es sind einige Leihgaben, vor allem Portraits dabei, die ich nicht immer zur Verfügung habe. Ausstellungen von Künstlern, die den Mut haben, abseits von aller zeitgenössischen Mache ihren eigenen persönlichen Weg zu gehen, sind heute eine Seltenheit geworden. Sich dabei bestätigt zu fühlen, ist jedoch beinahe eine Lebensnotwendigkeit.«[226]

Bei der Vernissage zur Ausstellung in Tegernsee 1991 waren beispielsweise Adam Deinlein, Erich Schosser[227], Hans Zehetmair und Erich Steingräber[228] anwesend.[229]

Für die Bewerbung der Ausstellungen in der Öffentlichkeit sorgte Bittner-Simmet durch eine angemessene Plakatierung im Stadtraum.

---

224 Hierzu: Bittner-Simmet an Stadtamtmann Heike am 06.07.1971 (Korrespondenz; Werk/4; MBS-Archiv)

225 Beispielsweise von Hillermann (1971), Alfred Hof und Wolfgang Sandermann (1990).

226 Bittner-Simmet an Ministerpräsident Alfons Goppel am 10.10.1972 (Korrespondenz; Werk/4; MBS-Archiv)

227 Von 1966–2004 war Erich Schosser (1924–2013) Abgeordneter des Bayerischen Landtags. Im Folgenden Schosser genannt.

228 Erich Steingräber (1922–2013) war Direktor der Bayerischen Staatsgemäldesammlungen von 1969–1987. Im Folgenden Steingräber genannt.

229 Erwähnt wird dies, um den erreichten Erfolg durch den unaufhörlichen Einsatz Bittner-Simmets zu beweisen sowie die Bezüge innerhalb des Netzwerkes nachzuvollziehen.

Dies belegt ein Schreiben Bittner-Simmets an Stadtamtmann Heike am 06.07.1971:

»Als erstes möchte ich noch mein besonderes Lob aussprechen für das sehr gelungene Plakat, das eine ausgezeichnete Fernwirkung hat. Ich habe heute schon eines zum Haus der Kunst gebracht und werde morgen noch einige Exemplare an die wichtigsten Kulturstätten Münchens bringen, um gleichermaßen für Goslar und mich zu werben.«[230]

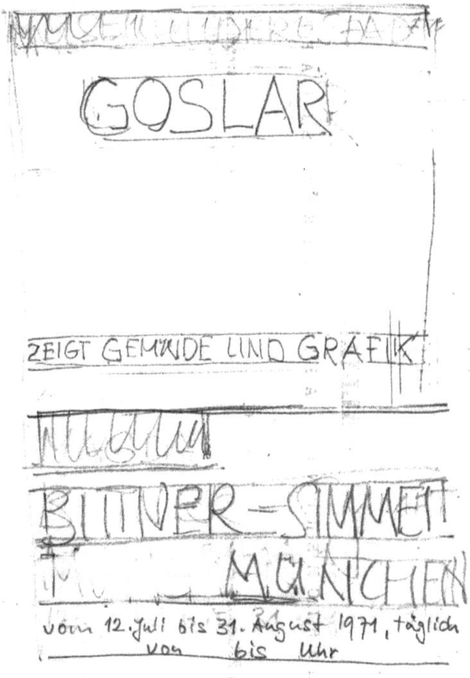

56: Plakatentwurf für die Ausstellung im Museum Goslar, 1971

230 Sowie ein weiteres an Deymann am 12.07.1978, anlässlich »Magda Bittner-Simmet. Gemälde und Graphik« im Bankhaus Reuschel & Co. München, 16.10.–30.11.1978: »Nach meiner Meinung müsste ein gutes Plakat unbedingt während der ganzen Zeit der Ausstellung in sämtlichen Kulturzentren der Stadt hängen und natürlich auch in allen Ihren Bankfilialen.« (beide: Korrespondenz; Werk/4; MBS-Archiv)

Bittner-Simmet war ferner an der konkreten Gestaltung ihrer Ausstellungen beteiligt: In manchen Fällen übernahm sie das Layout von Plakaten und Begleitheften (Abb. 56) und beaufsichtigte die Hängung der Gemälde: »[...] Es lohnt sich für mich nicht, dazwischen heimzufahren, da ich den Auf- und Abbau der Ausstellung selbst unter Kontrolle haben möchte.«[231]

Nicht weniger Bedeutung maß Bittner-Simmet der Präsenz in den Medien bei, denn »ohne Verbreitung durch die Medien ist die unendliche Mühe, die der Künstler erbringt, bis so eine Ausstellung wohl ausgerichtet steht, viel zu groß. Man möchte ja den Kreis der vorhandenen Kunstfreunde erweitern.«[232]

Dafür wurden zu jedem Anlass die lokale Presse, der Rundfunk und manchmal auch das Fernsehen angeschrieben; Berichte erfolgten dann vor allem in Münchner oder Bayerischen Tageszeitungen.[233] Auch hierfür nutzte sie wieder ihre Kontakte.[234]

Im Rahmen zweier Ausstellungen fanden Parallelveranstaltungen statt[235], die laut Korrespondenz viele neue Aufträge und Kontakte brachten:

> *»Nun kommen auch schon gelegentlich aus Norddeutschland Anfragen wegen Portraits. [...] Der Landesbischof Dr. Hans Lilje von Hannover war extra für meine Ausstellung hergekommen* [...].

---

231 Bittner-Simmet an Karl Hillermeier am 14.10.1990 (Korrespondenz; Werk/4; MBS-Archiv); vgl. auch Grundriss-Pläne für das Ausstellungsfoyer der Bayerischen Versicherungskammer München (»Magda Bittner-Simmet-Gemälde und Graphik«, 17.10.1972–14.01.1973) und Bonn 1990 (Vgl. Anm 216) (beide: Werk/4; MBS-Archiv)

232 Bittner-Simmet an Franz Neubauer (Vorsitzender des Vorstandes der Bayer. Landesbank) am 03.12.1996 (Korrespondenz; Werk/4; MBS-Archiv)

233 Über die Ausstellung 1996/1997 beispielsweise im Münchner Merkur, im OBB Volksblatt, in der Weltkunst, in der tz, im Münchner Stadtanzeiger, im Bayernkurier, im Deutschen Ärzteblatt und im Erdinger Anzeiger. (Presse; Werk/4; MBS-Archiv)

234 Hierzu: Bittner-Simmet an Burkart am 18.12.1972: »Neulich las ich einen sehr hübschen Artikel von Ihnen über meine Freundin Maria Weber. So etwas täte mir auch mal gut. Er war von Ihnen in dem Telos-Heft ›Die Welt von morgen‹.« (Korrespondenz; Werk/4; MBS-Archiv)

235 In der Bayerischen Versicherungskammer 1972/1973: »2. Rendez-vous der Modelle (gewesene, künftige und zünftige)«; in der Galerie der Bayerischen Landesbank 1996/1997: Zwei geführte Besichtigungs-Termine für den Pinakotheks-Verein.

Wenn nichts Schicksalhaftes dazwischen kommt, so wird daraus ein Portraitauftrag entstehen. [...] Die Modellparty, die mir zwar unendlich viel Arbeit gemacht hat (diesmal war ich ja Gastgeberin), hat sehr guten Anklang gefunden. Es waren noch viel mehr Leute gekommen, als zur Vernissage und es herrschte im allgemeinen ein reges Interesse an Bildern und Portraitaufträgen.«[236]

Ihr Einsatz führte wohl zu der Anerkennung, die in der Begrüßung zur letzten Ausstellung der Künstlerin[237] 1996/1997 durch Franz Neubauer laut wurde:

»Vielen von Ihnen ist die Künstlerin wohl bekannt, zählt sie doch seit nahezu einem halben Jahrhundert zu jenen Persönlichkeiten der Landeshauptstadt, die am künstlerischen und gesellschaftlichen Leben nicht nur regen Anteil nehmen, sondern dieses auch aktiv mitgestalten.«[238]

Dabei soll nicht außer Acht gelassen werden, dass Bittner-Simmet gerne darauf Einfluss nahm, was über sie gesagt oder geschrieben wurde[239], was den Eindruck einer starken Selbstinszenierung noch einmal bestätigt.

Die zu Beginn des 20. Jahrhunderts übliche Vermarktungsmethode durch einen Kunsthändler als Förderer, Vermittler und Händler[240] wurde, wie dargelegt, von Bittner-Simmet nicht verwandt. Als ihre eigene Managerin führte sie vielmehr jegliche Aufgaben selbst aus, wie sie im Austausch mit einem Kunstmanagement formulierte: »Bisher habe ich alle meine Ausstellungen selbst organisiert, bzw. wurde ich

---

236 Bittner-Simmet an Frau Roemer-Hoffmann am 02.01.1973, anl. der Ausstellung in der Bayerischern Versicherungskammer, vgl. Anm. 230. (Korrespondenz; Werk/4; MBS-Archiv)

237 Hierzu: Bittner-Simmet an Hochw. der Benediktiner-Abtei Plankstetten Gregor Maria Hanke am 17.09.1996: »Es ist vielleicht meine letzte Ausstellung in München.« (Korrespondenz; Werk/4; MBS-Archiv)

238 Vgl. Begrüßung bei der Vernissage durch Franz Neubauer (Abschrift; Werk/4; MBS-Archiv)

239 Hierzu: Bittner-Simmet an Sandermann am 23.11.1996: »Eben fällt mir ein, [...] daß man auch darauf hinweisen könnte, daß meine Bilder der letzten Jahre eine Steigerung an Licht der Farbigkeit, an künstlerischer Freiheit und Ausdruckskraft erfahren haben.« (Korrespondenz; Werk/4; MBS-Archiv)

240 Doms 2004, S. 140.

dazu eingeladen. Was mich hauptsächlich interessieren würde, wäre Öffentlichkeitsarbeit, für die ich selbst meist zu wenig Zeit habe.«[241]

Veranstaltungen, die Bittner-Simmet in ihren jeweiligen Ateliers organisierte, lassen sich hier einreihen. Zwischen 1948 und 1997 fanden unterschiedliche Veranstaltungen[242] zumeist mit der Absicht der Erweiterung des Kundenkreises und zur Präsentation ihrer Werke statt: Einzelausstellungen[243], Atelierführungen[244], Konzerte[245], Werkpräsentationen[246] oder sonstige Zusammenkünfte[247].

Internationale Vernetzung kollektiv und solo

Treten wir zeitlich noch einmal zurück, fällt auf, dass Bittner-Simmet – für die Situation in der Nachkriegszeit verhältnismäßig früh – versuchte, sich auch außerhalb Deutschlands zu präsentieren. Den Sprung ins Ausland schaffte die Künstlerin mit der GEDOK, die, wie eine von vielen Institutionen, den Austausch zwischen Frankreich und

---

241 Bittner-Simmet an Helga Niemöller am 27.08.1988 (Korrespondenz; Magda/3; MBS-Archiv)

242 Hier werden durch vorliegende Dokumente im MBS-Archiv (Werk/4) und aufgrund der Erwähnung im Band »Fest der Farbe« nachweisbare Veranstaltungen genannt.

243 Weihnachtsausstellung (10.12.1948–15.01.1949), Leopoldstraße 38/IV. Auf einer Einladung hierfür findet sich eine handschriftliche Notiz, aussagekräftig in Hinblick auf die Form der Feier und zum Thema Schwabing: »Um die gute Laune auf alkoholischem und kulinarischem Gebiet ausreichend zu unterstützen, wird um einen Unkostenbeitrag von 15.DM für Studenten 12.DM gebeten. Für besondere Genießer hält [eine] weitere Bar extra Spezialitäten zum Selbstkostenpreis zur Verfügung.– Das Gelingen des Abends sei Schwabings frohem Geiste anvertraut.« 2) »Rendezvous der Modelle« (23.05.1969), Leopoldstraße 38/IV 3) Einzelausstellung für Club de Lundi (26.11.1979), Schwedenstraße 54

244 Atelierführung für Schulklasse aus Verona (26.09.1972), Leopoldstraße 38/a 2) Atelierführung mit Carl J. Burkart (03.11.1973), Schwedenstraße 54 3) Atelierführung mit Heinrich Mock (20.11.1976), Schwedenstraße 54 4) Atelierführung für Schülergruppe aus Edinburgh (13.07.1978), Schwedenstraße 54

245 Atelier-Frühschoppen (24.07.1981) 2) Atelier-Konzert (26.06.1982), beide Schwedenstraße 54

246 Besprechung zur Vorbereitung der Ausstellung in Bordeaux (1970) 2) Präsentation des 1993 herausgegebenen Bildbandes »Fest der Farbe«: Zwischen 1993–1995 sieben nachweisbare Termine. Der 1986 publizierte erste Band wurde in der Münchner Blutenburg vorgestellt (20.10.1986) mit einführenden Worten von Zehetmair, der kurz darauf zum Kultusminister gewählt wurde. Ein zweites Mal stellte Bittner-Simmet den Bildband im Parkhotel Bad Griesbach vor (11.06.1988). 3) Vgl. Anm. 134.

247 Vorweihnachtliches Zusammensein mit Umtrunk (07.12.1997), Schwedenstraße 54; letzte nachweisbare Veranstaltung im Atelier.

Deutschland nach dem Krieg förderte. Im Begleitheft der Ausstellung GEDOK mit Union des Femmes Peintres et Sculpteurs 1959 artikuliert Hohenemser, dass das Kulturreferat der Bayerischen Landeshauptstadt die Kontaktaufnahme zwischen französischen und deutschen Malerinnen auf das herzlichste begrüße, dem sich Consul General de France à Munich Baron de Nerciat anschließt:

> »*Zum Schluß möchte ich den Wunsch aussprechen, daß immer mehr Austausch zwischen deutschen und französischen Künstlern ermöglicht werden kann, damit immer mehr persönliche Kontakte zustande kommen. Solche Begegnungen helfen das ›echt europäische Klima‹ zu verstärken und damit die wichtigste Bedingung, unsere gemeinsame Zivilisation zu erhalten* [...].«[248]

1959 war Bittner-Simmet erstmals in einer GEDOK-Gruppenausstellung im Musée des Beaux Arts de la Ville in Paris mit vertreten. 1961 realisierte Bittner-Simmet als »erste Vorsitzende« der GEDOK eine Schau in der Galleria d'Arte del Palazzo delle Esposizioni in Rom (Abb. 57). Prominente Künstlerinnen wie Pilar von Bayern, Hedwig von Branca, Maria Caspar-Filser, Felicitas Köster-Caspar und Gabriele Münter nahmen daran teil. Alle weiteren Ausstellungen in Frankreich Deutschlands fanden dann ohne Zusammenhang mit der GEDOK statt.[249]

Im Jahre 1966 war Bittner-Simmet zwei Mal in Monte Carlo vertreten: Zum einen bei einer Einzelausstellung in der Galerie Rauch und – wohl in deren Folge – zum anderen beim 2. Grand Prix International D'Art Contemporain unter der Schirmherrschaft des Prinzen und der Prinzessin Grace von Monaco; beide Male auf Einladung.[250]

---

248 Ausstellung in der Staatsbauschule München (24.07.–09.08.1959) (beide: Begleitheft; Werk/4; MBS-Archiv)

249 So 1961 in Rom, Palazzo delle Esposizioni mit der GEDOK. In Begleitheften von Ausstellungen und Presseberichten wurden auch Ausstellungsbeteiligungen mit der GEDOK in Istanbul, Zürich und Bern erwähnt, was aber durch fehlende Dokumente nicht bestätigt werden kann. (Begleithefte GEDOK-Ausstellungen; Werk/4; MBS-Archiv)

250 Hierzu: Präsident der International Arts Guild an Bittner-Simmet am 27.07.1966: »Im Rahmen der Veranstaltungen welche sich für den ›CENTENAIRE VON MONTE-CARLO‹ hier ablaufen, haben wir verschiedene Kunst-Ausstellungen vorgesehen, für welche eine gut bekannte Galerie eine Ausstellung-Möglichkeit zu unserer Ver-

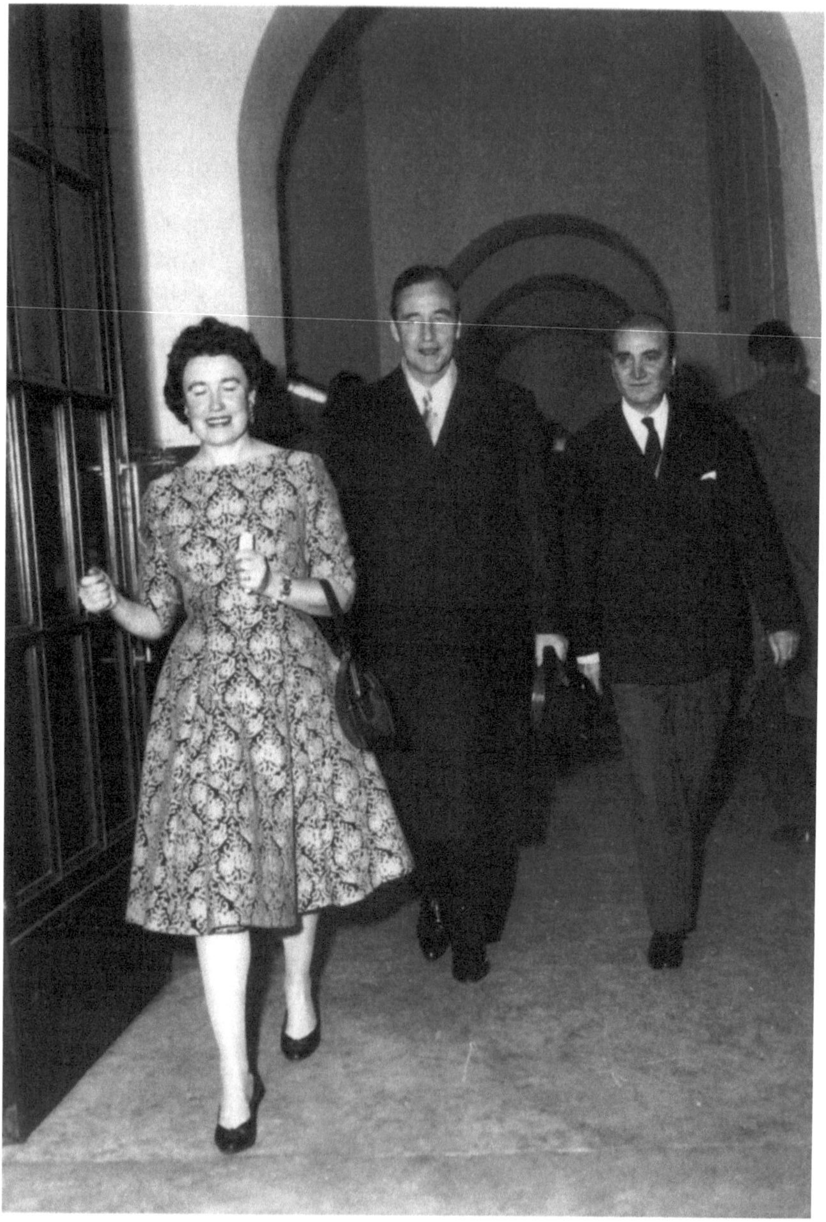

57: Bei der GEDOK-Ausstellung in Rom mit Museumsdirektor Prof. Carlo D'Aloisio da Vasto und Botschafter Dr. Erich Klaiber, 1961

Vermutlich über in Frankreich geknüpfte Kontakte wurde Bittner-Simmet zu den »Semaines Internationales de la femme« vermittelt[251], an denen sie insgesamt drei Mal teilnahm: 1968 und 1969 in Cannes sowie 1970 in Nizza. Auf dieser internationalen[252] Schau wurden die Leistungen von Frauen auf unterschiedlichsten Gebieten gezeigt: Mode, Sport, Kunst, Film, Literatur, Musik und bildende Kunst. Auch hier waren wieder, vor allem bei der ersten Veranstaltung, weitere GEDOK-Mitglieder vertreten. Die Teilnahme deutscher Künstlerinnen bei der Ausführung 1970, für welche unter anderem Sonia Delaunay jurierte, stieg im Vergleich zu den vorangegangenen exponentiell.

Als »künstlerisch sehr erfolgreich und ehrenvoll«[253] erwies sich die Kollektiv-Ausstellung 1970 mit Arthur Klingler in der Galerie du Fleuve in Bordeaux anlässlich der IV. Biennale de Bordeaux Des Recontres Internationales de Jeunes Artistes im Rahmen der Städtepartnerschaft Bordeaux-München, die auf Empfehlung der Deutsch-Französischen Gesellschaft beim Konsulat der BRD in Bordeaux zustande kam[254]. Als Vermittler war José Delmas tätig, der den Kontakt zum Vorsitzenden der zuständigen Organisation[255] Georges Boueil herstellte.

---

fügung gestellt hat. Wir bitten Sie uns mitzuteilen, ob Sie an einer dieser Ausstellung interessiert sind [...].« (Korrespondenz; Werk/4; MBS-Archiv)

251 Hierzu: Susanne Armbruster an Bittner-Simmet am 25.08.1967: »Wir begegneten uns in Monaco bei der Internationalen Kunstausstellung. [...] Nun soll ich für die Kunstausstellung der Internationalen Frauen-Woche in Cannes (Februar 1968) die deutsche Sektion zusammenstellen und würde mich sehr freuen, wenn Sie uns ein Bild zur Verfügung stellen könnten.« (Korrespondenz; Werk/4; MBS-Archiv)

252 Vertretene Länder bei der Ausgabe 1968: Deutschland, Argentinien, Belgien, Korea, Spanien, USA, Frankreich, Großbritannien, Griechenland, Holland, Israel, Italien, Monaco, Polen, Rumänien, Russland, Litauen, Schweden. (Begleitheft; Werk/4; MBS-Archiv)

253 Bittner-Simmet an Armbruster am 06.07.1970 (Korrespondenz; Werk/4; MBS-Archiv)

254 Hierzu: F. K. Siebold an Konsul Karl Riedel am 14.11.1966: »Unser Mitglied, die bekannte Münchener Malerin [...] hat [...] kürzlich eine Ausstellung in Monte Carlo gehabt. Die durchaus ein Erfolg war. Wir würden uns sehr freuen, wenn es möglich wäre, daß die Künstlerin in absehbarer Zeit auch eine Ausstellung in unserer Partnerstadt Bordeaux haben könnte, zumal das ihr besonderer Wunsch ist.« (Korrespondenz; Werk/4; MBS-Archiv)
Hierzu: Bittner-Simmet an Boueil am 12.11.1969: »Ich habe mich sehr gefreut über die prompte Einladung, die bereits eine erste positive Wirkung bei der Deutsch-Französischen Gesellschaft getan hat.« (Korrespondenz; Werk/4; MBS-Archiv)

255 Mouvement musical et culturel de Bordeaux

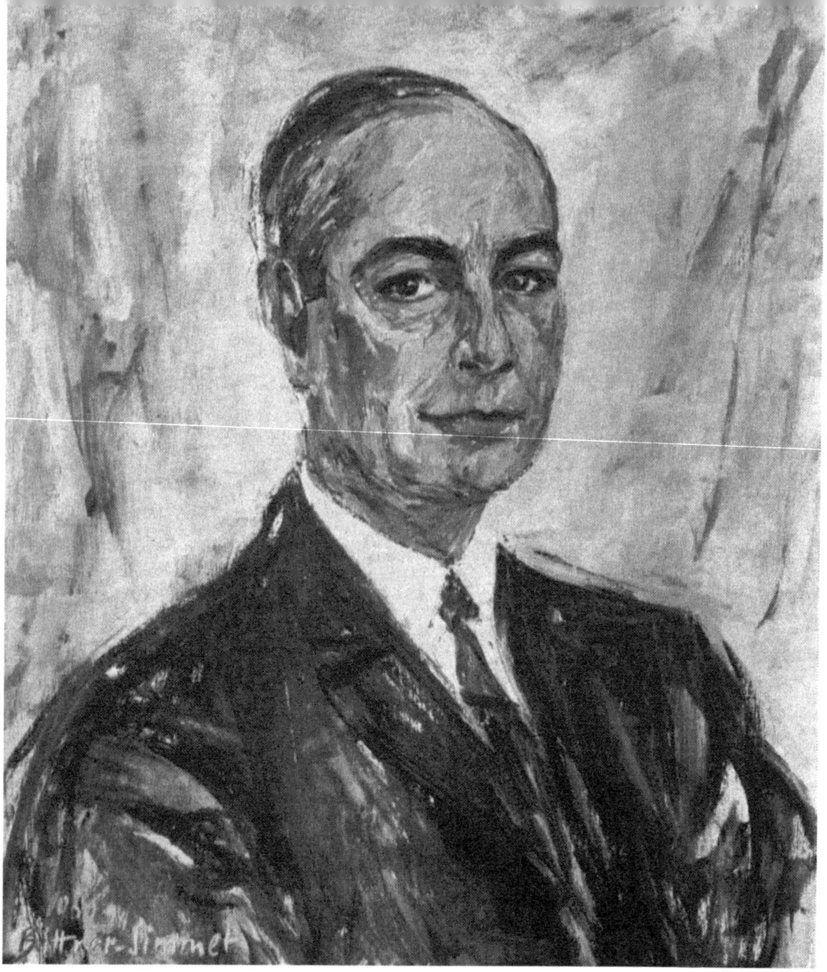

58: Porträt des Dirigenten Georges Boueil, 1969

Für die Ausstellungsplanung kam Boueil nach München, bei welcher Gelegenheit Bittner-Simmet ihn porträtierte (Abb. 58)[256].

Da die Realisierung der Ausstellung »mit sehr viel Arbeit und Ausgaben [...] verbunden war«[257], erhielt Bittner-Simmet – unter persönlichem Einsatz – finanzielle Unterstützung durch die Deutsch-Französische Gesellschaft und, wie durch ein Ansuchen an Oberbürgermeister Vogel vermutet werden kann, durch die Stadt München:

256 Das Porträt war dann auch in der Ausstellung zu sehen.

257 Vgl. Anm. 251.

»Es wäre mir eine große Erleichterung für die künftigen Vereinbarungen, wenn ich noch vor Antritt der Reise, am 7.10.67 wüßte, wieweit ich mit der Unterstützung der Stadt München rechnen darf. Sie waren so freundlich, sehr geehrter Herr Oberbürgermeister, mir die Überprüfung Ihres Etats für Bordeaux 1968 zuzusagen. [...] Ich habe vergangenes Jahr anläßlich meiner Ausstellung in Monte-Carlo sowie bei der darauf folgenden Beteiligung am Grand-Prix International, wo ich mit einem Diplom ausgezeichnet wurde, einen sehr großen Erfolg bei der französischen Presse mit der Art meiner Bilder gehabt. Ich glaube daher, daß ich auch in Bordeaux meine Heimatstadt gut vertreten werde.«[258]

Über diese Ausstellung wurde aufgrund der Städtepartnerschaft in der heimischen Presse berichtet.[259] Ein Bericht über alle nicht realisierten Ausstellungen und Projekte im nationalen und internationalen Kontext[260] sprengt den Rahmen dieser Arbeit. So wäre dieser jedoch ein weiteres Zeugnis für die weitreichenden Kontakte und das immense Bestreben der Künstlerin, ihre Werke an die Öffentlichkeit zu bringen.

---

258 Weiter am 28.12.1969: »Das Portrait Ihrer Frau Gemahlin wurde übrigens vom Präsidenten des Mouvement musical et Culturel, Monsieur Boueil, auch für die Ausstellung ausgesucht, als er im Oktober d.J. hier war, um sich von mir portraitieren zu lassen.« (beide: Korrespondenz; Werk/4; MBS-Archiv)

259 Münchner Künstler in Bordeaux, in: Münchner Stadtanzeiger Nr. 40/41 vom 22.05.1970: »Die Münchner Malerin Magda Bittner-Simmet und der Bildhauer Arthur Klingler waren auf der IV. Biennale in Bordeaux mit einer Auswahl ihrer Werke vertreten. Magda Bittner-Simmet zeigte gegenständliche Porträts, Blumenbilder und Landschaftsaquarelle, Arthur Klingler abstrakte Skulpturen. Beide Künstler wurden in der französischen Presse als typische Vertreter der Münchner Schule mit ausführlichen und lobenden Kritiken bedacht. Die Stadt hatte Stadtrat Eckhart Müller-Heydenreich als offiziellen Vertreter zur Biennale nach Bordeaux entsandt. Er überbrachte die Grüße der Landeshauptstadt an ihre Schwesternstadt.« (Presse; Werk/4; MBS-Archiv)

260 Nach aktuellem Forschungsstand beläuft sich die Zahl von nicht realisierten Ausstellungen und Projekten auf 50. Schriftverkehr gibt es zu Ausstellungsplänen an folgenden Orten und Institutionen: für München in der Städtischen Galerie im Lenbachhaus, in der Hypo-Kunsthalle und den Studioräumen der Pinakothek; deutschlandweit im Germanischen Nationalmuseum Nürnberg und im Marburger Universitätsmuseum für Kunst und Kulturgeschichte. Angedacht, aber nicht realisiert, wurden Ausstellungen in New York (1968) und Wien (1997). (Korrespondenz; Werk/4; MBS-Archiv)

POSITIONIERUNG IM KUNST- UND KULTURPOLITISCHEN KONTEXT

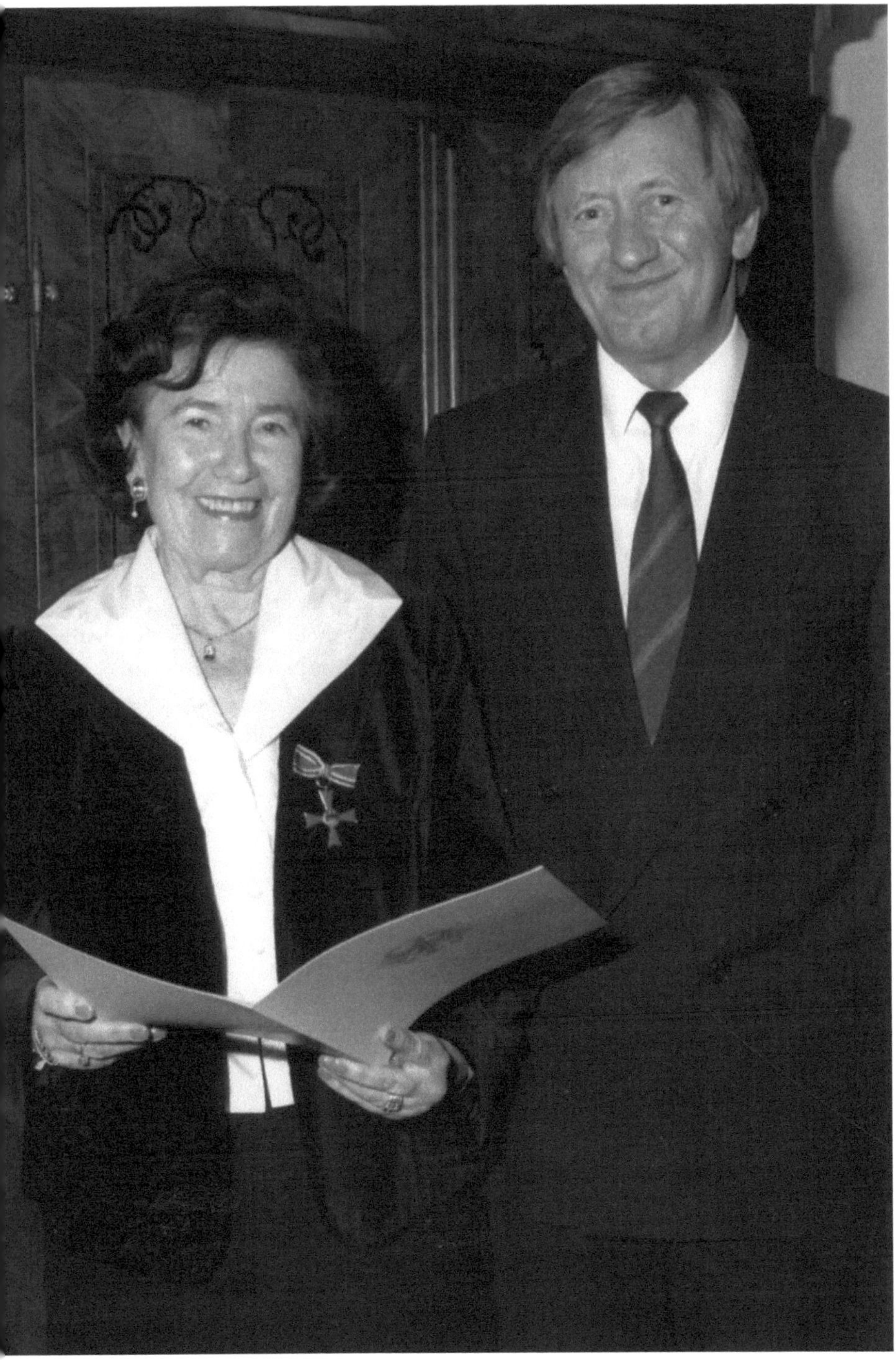

Die (west-)deutsche Kulturpolitik wurde 1949 im »Grundgesetz der Bundesrepublik Deutschland« verankert.[261] Eine kritische Auseinandersetzung mit Münchens kulturpolitischer Situation begann bereits gegen Anfang des 20. Jahrhunderts, die sich in der Aufsatz- und Statementsammlung »Niedergang der Kunststadt München« (1902) äußerte.[262] Als fast 80 Jahre später eine kritische Stellungnahme in »Die Zeit« München als »Schlußlicht der internationalen Kunstszene« bezeichnete, führte dies zu einer umfassenden Neukonzeption kommunaler Kunstförderung.[263] Diese sollte unter Berücksichtigung der Situation von aktiven, lebenden Künstlern realisiert werden. 1979 bahnte sich durch die Wahl Karl Carstens zum Bundespräsidenten erneut ein politischer Umbruch an, bei der die SPD-FDP-Regierung[264] von der CDU/CSU abgelöst wurde. Dies bedeutete eine konservative Wende innerhalb der Politik der BRD, die mit der Regierungsübernahme durch die CDU/CSU mit Helmut Kohl als Bundeskanzler bekräftigt wurde.[265] Dies bot Bittner-Simmet aufgrund politischer Gleichgesinntheit Gelegenheit, sich im einberufenen Kulturkreis zu beteiligen.

Das Einmischen von KünstlerInnen in Kulturpolitik (»cultural politics«) bedeutet aus kunstsoziologischer Perspektive eine Erweiterung ihres Betätigungsfeldes[266] und somit auch eine Ausdehnung ihrer gesellschaftlichen Reichweite. Mit Bourdieus Aussage wird Bittner-Simmets politisches Agieren erneut in den kunstsoziologischen Kontext gestellt:

---

261 Hermann Glaser: Inventur und Innovation, in: Borger/Mai/Waetzold 1991, S. 27–48, hier S. 41.

262 Michael Meuer: Kommunale Kunstpolitik in München, in: Schmirber/Mai 1994, S. 179–190, hier S. 179.

263 Zehetmair beruft sich auf die Bayerische Verfassung, die in Art. 108 den Staat dazu verpflichtet, die Freiheit der Kunst ohne Vorbehalt zu achten und zu verteidigen und im Art. 140 den Auftrag eingrenzt durch eine grundsätzliche Qualitätswertung. Außerdem sei es dem Staat untersagt, einzelne Kunstrichtungen zu bevorzugen. Hans Zehetmair: Staatliche Förderung der Bildenden Kunst in Bayern, in: Schmirber/Mai 1994, S. 157–178, hier S. 158–159. Weitere Aspekte der bayerischen Kulturförderung wie etwa ihre Tätigkeitsfelder, ihre Aufgaben sowie Legitimierung lesen sich im Aufsatz.

264 1969 erhielt die SPD in der Bundestagswahl zum ersten Mal über 40 % der Stimmen und bildete zusammen mit der FDP die Regierung. Viele Künstler setzten überwiegend auf die moderne, dem Neuen aufgeschlossene sozialliberale Koalition. Vgl. Damus 1995, S. 253.

265 Damus 1995, S. 320 sowie S. 348.

266 Kastner, in: Steuerwald 2013, S. 129–148, hier S. 143.

»Jede kulturelle Äußerung, Produktion oder Konsum, enthält eine Bestätigung ihres eigenen Anspruchs auf die Rechtsverbindlichkeit ihrer Ausdrucksform und bezieht damit Stellung im kulturellen Feld, sowohl durch die Position des sich äußernden Subjekts wie auch durch die Art der Legitimierung, auf die diese Äußerung sich beruft.«[267]

Bittner-Simmet verleiht ihrer Position durch politische Beteiligung also zusätzliches Gewicht.

Bittner-Simmets kulturpolitische Partizipation: »Zeitgenössische Mitte« vs. »Extreme«

»Nun konnte ich, lieber Herr Zehetmair, mein kulturpolitisches Engagement wieder einmal nicht lassen, obwohl ich mir selbst damit bisher mehr geschadet als genützt habe. Ich betrachte es aber als meine demokratische Bürgerpflicht, meine Erfahrung und meine fachliche Einsicht zur Unterstützung Ihrer Entscheidung einzubringen.«[268]

Diese Stellungnahme gegen Ende ihrer Karriere zeugt von ihrem großen Interesse am Mitwirken für die Verbesserung der Lage bildender KünstlerInnen in Bayern. Bittner-Simmet äußerte sich hierzu – eindeutig auf der konservativen Seite – durchaus laut und kritisch in der Öffentlichkeit und erhoffte sich durch ihre Beteiligung an der Kulturpolitik auch eine Verbesserung ihrer persönlichen Auftragslage.[269]

Vor ihrem politischen Einsatz im Bereich Kunst und Kultur beteiligte sich Bittner-Simmet im Münchner Bürgerrat.[270] Wohl durch

267 Zit. n. Kastner, in: Steuerwald 2013, S. 129–148, hier S. 145.

268 Bittner-Simmet an Zehetmair am 23.03.1991 (Korrespondenz; Kontext/6; MBS-Archiv)

269 Vgl. Zeitzeugenbericht von Meuer 2015.

270 Laut vorliegenden Rundschreiben vom Zeitraum 1969–1973 setzte sich der Münchner Bürgerrat für Anliegen der Bürger Münchens ein, beispielsweise die »drohende Vernichtung des Lehels und die Austreibung seiner Bewohner« oder den »Ausverkauf der Alt-Münchner Biergärten«. (Korrespondenz; Kontext/6; MBS-Archiv)

Deinlein gelangte Bittner-Simmet in die höchsten Kreise der CSU.[271] Im Rahmen des Kleinen Akademiegesprächs in Tutzing, das auf Anregung des kulturpolitischen Arbeitskreises der CSU-Landtagsfraktion 1977 organisiert wurde, bekundete sie bei den Abgeordneten des Bayerischen Landtags die Forderung, sie mögen sich für die Verbesserung der Situation der Künstler in Bayern bei der Bayerischen Staatsregierung einsetzen.[272] Zur Mitwirkung am daraufhin von Franz Josef Strauß[273] gegründeten Kontaktkreis Politik – Wissenschaft – Kunst (Kontaktkreis PWK) der CSU[274] wurde Bittner-Simmet eingeladen.[275] Auch war die Künstlerin Mitglied der Kunststiftung der Deutschen Wirtschaft e.V.[276], die sich mithilfe von Förderungen für die Chancengleichheit von Künstlern einsetzte, die eine »organische Entwicklung der Malerei, Plastik und Graphik verbürgen«, da »die freie Entfaltung der bildenden Künste in der BRD durch die einseitige Förderung unfruchtbarer Modernismen behindert wird«[277]. Für die Weiterbearbeitung der Themen wirtschaftlicher und künstlerischer

271 Früher stand sie der SPD nahe. Vgl. Zeitzeugenbericht von Kuebart 2011. S.a. Porträt des SPD-Ministerpräsidenten Hoegner

272 Hierzu: Antwortschreiben an Bittner-Simmet am 14.03.1977: »Zunächst möchten wir Ihnen noch einmal danken, daß auch Sie mitgeholfen haben, daß wir Politiker heute besser vertraut sind mit Details und Hintergründen der Probleme, die die bildenden Künstler als vorrangig ansehen. Wir haben aus Tutzing zahlreiche Anregungen mit ins Maximilianeum genommen; sobald wir uns klar darüber sind, inwieweit diese Anregungen politisch realisierbar sind, erhalten Sie von uns selbstverständlich wieder Bescheid.« (Korrespondenz; Kontext/6; MBS-Archiv) Vom 27.09.1977 liegt eine Stellungnahme der Bayer. Staatsregierung vor. (Kopie; Kontext/6; MBS-Archiv)

273 Strauß (1915–1988) war von 1978 bis 1988 Bayerischer Ministerpräsident. Im Folgenden Strauß genannt.

274 Anlässlich des Symposiums »Intellektuelles Ethos und politisches Engagement« in Wildbad Kreuth. Vorsitz: Erich Schosser, organisatorische Unterstützung: Eva Zilch

275 Hierzu: Strauß an Bittner-Simmet im Juni 1978: »Ich würde mich freuen, wenn Sie an dieser Veranstaltung [Vorstellung des Kontaktkreises] teilnehmen und die weitere Arbeit des Kontaktkreises unterstützen würden.« (Korrespondenz; Kontext/6; MBS-Archiv)

276 1. Vorsitzender war damals Deinlein.

277 Vgl. Programmheft; und weiter: »Die öffentliche Hand und der Kulturkreis im BDI berücksichtigen unter dem Einfluß einer tendenziösen Gruppe fast ausschließlich eine konstruktivistische und miserabilistische Bildnerei.« (Korrespondenz; Kontext/6; MBS-Archiv)

Belange ließ sich Bittner-Simmet außerdem wieder in den Vorstand des BBK wählen.[278]

Bevor nun auf die Aktivitäten von Bittner-Simmet in den einzelnen kulturpolitischen Kreisen eingegangen wird, sei zunächst über die Lage bayerischer KünstlerInnen in den 80er-/90er-Jahren berichtet.

Am 12.06.1980 fand eine Anhörung des Ausschusses für kulturpolitische Fragen des Bayerischen Landtags zur »Situation der Bildenden Künstler« statt, an der Bittner-Simmet als Beiratsmitglied der Kunststiftung der Deutschen Wirtschaft e.V. teilnahm.[279] Die Motivation dieser Anhörung ergab sich aus der Tatsache, dass die Lage der bildenden Künstler nicht im Einklang mit der »sonstigen wirtschaftlichen Situation und der sozialen Sicherung in unserer Gesellschaft«[280] war; Ziele der Anhörung war, durch den direkten Kontakt mit den Betroffenen eine Lösung für den Missstand zu finden.[281]

Zu dieser Zeit wurde vornehmend progressive, junge Kunst gefördert, was dazu führte, dass die berufliche Situation gegenständlicher Maler erschwert wurde. Aus einer Schilderung Bittner-Simmets an das Bundespräsidialamt Bonn wird die Situation deutlicher:

278 Bittner-Simmet an Schosser am 04.02.1981 (Korrespondenz; Kontext/6; MBS-Archiv); Dauer der Mitgliedschaft ist in der Korrespondenz nicht angegeben.

279 Anwesend waren auch Vertreter der Akademie der Bildenden Kunst, der Bayerischen Architektenkammer, der Gewerkschaft Kunst, des Landesverbandes Bildender Künstler Bayern e.V., des Schutzverbandes Bildender Künstler e.V., der Sudetendeutschen Akademie der Wissenschaften und Künstler, Landtagsabgeordnete und Regierungsvertreter.

280 Vgl. Abschrift der Anhörung (Kontext/6; MBS-Archiv)

281 Folgende Themen wurden diskutiert: »Reisestipendien, Hilfe bei der Atelierbeschaffung, bei der Weiterbildung in neuen Arbeitstechniken, die Einrichtung einer bayerischen Villa Massimo, Bereitstellung der im Haus der Kunst frei werdenden Räume für Ausstellungen bayerischer Künstler«. Aufgeworfene Probleme: »Unbehagen wegen ›Zweckentfremdung‹ der Städtischen Galerie in München bzgl. Kunstankauf von Beuys' ›zeige deine Wunde‹ (keine Beuys-Anhänger unter den Angehörten), Presse und das Fernsehen berichte nicht über Münchner Künstler, Plädoyer für neutrale Kunstförderung und Steuererleichterung als wichtige Maßnahme der Selbsthilfe (keine Vermögenssteuer für den Besitz zeitgenössischer Kunst, keine Vorsteuer für Künstler, Abschreibungsmöglichkeiten beim Erwerb zeitgenössischer Kunst, Abschaffung des Folgerechts)«. (Programm; Kontext/6; MBS-Archiv)

»Leider ist die Situation auf dem Kunstmarkt auch für Künstler, die sich wie ich durchaus selbst ernähren könnten, ausserordentlich schwierig geworden. Der Grund: gegenständliche Maler, auch die besten von ihnen werden durch die in allen Künstlervereinigungen und Gruppen herrschenden Nihilisten und Destruktivisten gehindert, ihre Werke ausreichend der Öffentlichkeit zu präsentieren. Dazu kommt die Abblockung durch die Medien. Somit wird unsere Generation trotz eines Könnens, für das den Nachfolgenden auf den Akademien nicht einmal mehr die Grundlagen der bildenden Kunst vermittelt werden, um den Erfolg ihrer Lebensarbeit gebracht; damit sich der Kunsthandel nach unserem Tode wie eh und je bereichern kann.«[282]

Aus der Sicht Bittner-Simmets wurden Konservative, oder »die zeitgenössische Mitte«[283], gegenüber Progressiven benachteiligt, weshalb Erstere weniger Förderung erhielten:

»Die Linken (Richtung Kunstverein) sind auf der ganzen Linie im Vormarsch. Sie kommen in Rudeln und wählen sich gegenseitig. Ich sehe bald keine Chance mehr, daß in den nun sehr schönen Räumen unseres Verbandes die gegenständliche Kunst noch zum Zuge kommt. Einige opportunistische Kollegen sind natürlich mit daran schuld. Wenn die CSU ihre Leute nicht stützt und sich als Regierungspartei auch auf dem kulturellen Sektor behauptet (hier herrscht nämlich das linke Diktat lustig weiter), dann können wir uns gleich aufhängen. [...] Wir dulden ja die Bastler und Konstrukteure, aber sie dulden nicht einmal die besten gegenständlichen Künstler, die die zeitgenössische Mitte verkörpern.«[284]

282 Bittner-Simmet an das Bundespräsidialamt Bonn, an Herrn Köble am 22.12.1981 (Korrespondenz; Kontext/6; MBS-Archiv)

283 Vgl. Anm. 284.

284 Bittner-Simmet an Schosser am 04.12.1981 (Korrespondenz; Kontext/6; MBS-Archiv). Mit dem Ausdruck »zeitgenössische Mitte« berief sie sich wohl auf Sedlmayr.

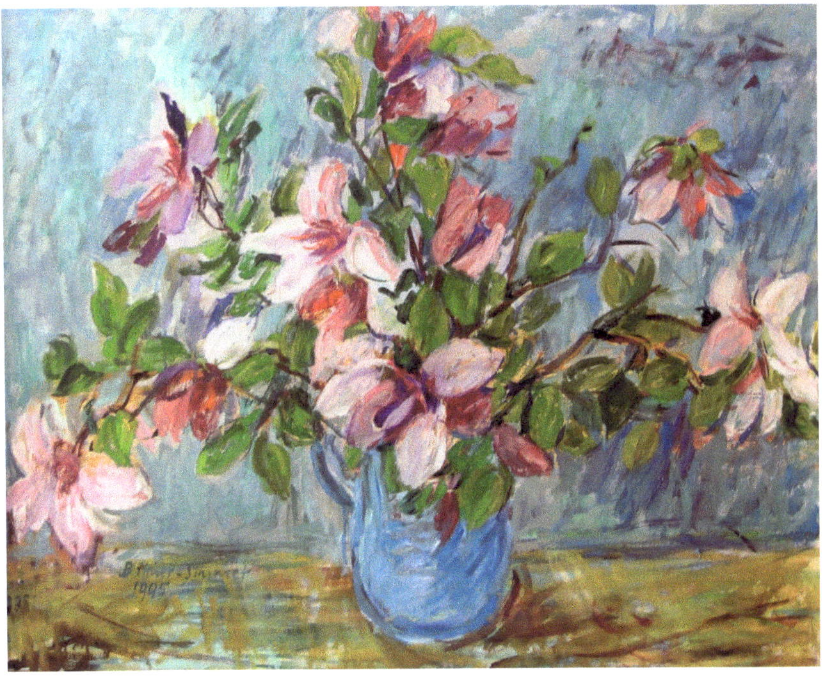

60: Stillleben mit Magnolie, 1995

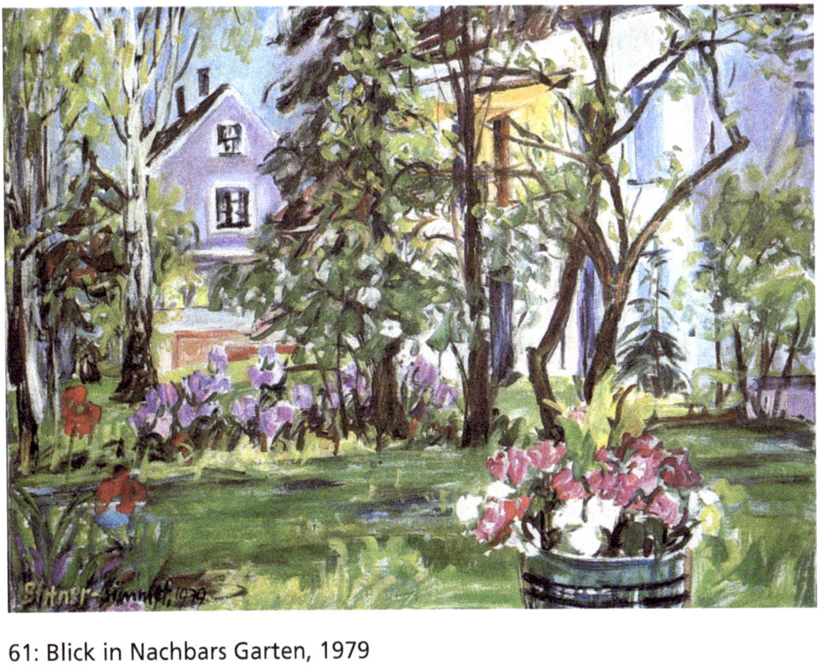

61: Blick in Nachbars Garten, 1979

Durch öffentliche und private Initiativen wurden für die »Extremen«[285] Atelier- und Ausstellungsräumlichkeiten geschaffen, die neue Kunstformen vereinten[286], für konservative KünstlerInnen jedoch nicht.

Was die Position von weiblichen Kunstschaffenden betraf, stellte Siegfried Hummel 1992 fest, dass eine Verbesserung der Situation der Frau in der Kunstwelt notwendig sei. Diese sollte anschließend zu einer gezielten Förderung führen[287], wobei sich Hummel auf die in den 80er-Jahren durchgeführte Untersuchung »Frauen im Kultur- und Medienbetrieb im Auftrag des Bundesministeriums für Bildung und Wissenschaft« bezog.

Im Jahr 1979 gab der LBK (Landesberufsverband Bildender Künstler Bayern e.V.) »Empfehlungen zur Kunstförderung und zur Absicherung des künstlerischen Berufs« heraus, die zur Förderung und Pflege der Kunst durch den Bund und die Länder aufriefen.[288] In der 2. Monatsschrift des BBK München und Oberbayern von 1980 ist zu lesen: »Bayern will die Lage der Künstler verbessern«. In derselben Schrift

---

285 Hierzu: Bittner-Simmet an Stadträtin Alwine Hoegner am 15.03.1979: »[…] in der meine eigene Stellungnahme zur zeitgenössischen Kunst besser zum Ausdruck kommt als in einem flüchtigen Gespräch, bei dem man nie in die Tiefe gehen kann. […] aber auch ein bißchen an die zeitgenössische Mitte erinnern, die im Kampf der Extreme meist auf der Strecke bleibt.« (Korrespondenz; Kontext/6; MBS-Archiv)

286 Die 1980 durch das Kulturreferat Münchens eingerichtete »Künstlerwerkstatt« in der Lothringerstraße mit dem Ziel der Förderung junger Kunst zeigte in der Ausstellung »Prozess und Konstruktion« 1985 beispielswiese Vito Acconci, Daniel Buren, Joseph Kosuth, Sol LeWitt und Lawrence Weiner. Vgl. Helmut Friedel: »Einige Schwierigkeiten der schönen Künste«, in: Hilmar Hoffmann/Rupert Walser (Hg.): ohne Auftrag. Zur Geschichte des Kunsthandels, Bd. 1, München 1989, S. 166–185, hier S. 182.

287 Dazu liegt der Fragebogen vor, der neben Bittner-Simmet an ca. 900 Künstlerinnen in München und Umgebung versandt wurde. Untersuchungsgegenstand waren die Lebens- und Arbeitsbedingungen bildender Künstlerinnen. (Kontext/6; MBS-Archiv)

288 »Die Verpflichtung zur Förderung und Pflege der Kunst ist aus Einsicht in die Notwendigkeit dieser Aufgabe in die Verfassung des Bundes und der Länder aufgenommen worden. […] damit ist auch die Meinung festgeschrieben worden, daß der Künstler nicht nur ein Warenangebot ›Kunst‹ macht, sondern gleichzeitig ein Bildungsangebot. Dieses Bildungsangebot wird als eine künstlerische Leistung klar erkannt. Das trifft auch auf die Ausstellungen bildender Künstler zu. Dennoch wird der bildende Künstler für diese Tätigkeit nicht honoriert und ebenfalls sind die Verkaufserwartungen einer Ausstellung oder die Einnahmen von Eintrittsgeldern (wenn überhaupt möglich) zur Deckung der Aufwendungen nicht hinreichend.« Vgl. LBK: Empfehlungen zur Kunstförderung und zur Absicherung des künstlerischen Berufes, 1979, S. 1. (Kontext/6; MBS-Archiv)

wurden Bittner-Simmets »Vorschläge zur Änderung der Besteuerung freiberuflich bildender Künstler« abgedruckt. Diese sahen beispielsweise die Befreiung der bildenden Künstler von der Umsatzsteuer vor, der Zubilligung eines Sonderstatus in der Einkommensveranlagung oder die Eliminierung der Steuervorauszahlungen, die Bittner-Simmet folgendermaßen begründete:

> *»Die bildenden Künstler setzen keine Ware um, sondern sind schöpferische Menschen, die aus dem Nichts bei jedem Werk eine neue bildnerische Gestaltung hervorbringen; das Zustandekommen eines Werkes ist oft mit hohen Investitionen an Material, Reiseunkosten etc., aber auch mit intensiver geistiger Vorarbeit verbunden, welche dem Außenstehenden nicht ersichtlich sind. Das tatsächliche Einkommen des bildenden Künstlers ist bei Berücksichtigung dieser Faktoren viel zu niedrig, in Anbetracht eines langen Studiums und einer völligen persönlichen Hingabe; man kann sagen, der Künstlerberuf erfordert in den meisten Fällen den Verzicht auf eine für den Durchschnittsbürger selbstverständliche Existenzsicherung und soziale Sicherheit.«*[289]

Bittner-Simmet engagierte sich innerhalb des BBK, wo sie »ca. 30 gegenständliche Künstler um sich gesammelt hat«[290], die sie im Kampf gegen die »rotgrünen Ellbogen-Menschen der heutigen Kunst-Szene«[291] unterstützen sollten. Ihre Aussagen weisen wohl darauf hin, dass sie hier eine Einzelkämpferin blieb.[292] Dennoch setzte sich Bittner-Simmet für die aktive Mitarbeit ihrer »Kolleginnen und Kollegen« in der Generalversammlung bezüglich Ungerechtigkeiten in der Ausstellungsjury (»einseitige Richtungsfestlegung«) ein, wozu sie schriftlich aufgefordert wurden:

---

289 Magda Bittner-Simmet: Vorschläge zur Änderung der Besteuerung freiberuflicher bildender Künstler, in: Monatsschrift des BBK München und Oberbayern, 2, 1980, S. 12–14. (Kontext/6; MBS-Archiv)

290 Hierzu: Bittner-Simmet an Zehetmair am 25.03.1983 (Korrespondenz; Kontext/6; MBS-Archiv)

291 Ebenda.

292 Weiter: »[…] denn ich stehe mit meiner offenen Aussprache in unseren Kollegen-Kreisen alleine auf weiter Flur. Zwar geachtet von den einen, die mir recht geben, aber ohne deren mutige, tatkräftige Unterstützung, gehaßt und befeindet von den linken Pseudo-Künstlern. […] Hätte ich mir nicht vor dieser schrecklichen Zeit schon einen Namen gemacht, so käme ich überhaupt nicht mehr an die Öffentlichkeit mit meinen Arbeiten.« Ebenda.

»Wenn es also nicht gelingt, diese einseitige Richtungsfestlegung in kollegialer Weise innerhalb des Verbandes zu beseitigen, so bleibt nur der Weg, unserem demokratischen Recht von aussen her Gehör zu verschaffen. Ich glaube kaum, dass sich die öffentlichen Hände nachsagen lassen, sie unterstützen nur eine einseitige Kunstrichtung. Die Parallelität zur bereits erlebten Kunstdiktatur läge mit anderem Vorzeichen deutlich auf der Hand.«[293]

Außerdem kümmerte sie sich um Unterstützung für die Bewahrung der Position gegenständlicher Maler durch die CSU, die sie durch die erstarkte künstlerische Opposition als gefährdet erachtete:

»Dieser, sein Name ist Otto Dressler, ein sogenannter Verfremder, als Künstler in unserem Sinne eine Null, aber mit einer ungeheuren Eloquenz behaftet, sammelte ca. 10 Leute um sich, meistens solche wie er, also keine Künstler, sondern Ehrgeizlinge in der Kunst-Szene, gründeten die Sektion Bayern und traten geschlossen und ohne Aufnahmejury in den Berufsverband bildender Künstler München und Oberbayern ein. Diese Leute setzten sich mit Hilfe unseres geschäftsführenden Vorstandes, bestehend aus Rolf Liese, Ben Muthofer und Frau Klepper-Paar auch gleich in die Ausstellungs-Kommission und diktieren seitdem, was Kunst in Bayern ist.«[294]

Wie Stadtrat und Korreferent des Kulturreferats Münchens auf dem Symposium »Kunst und Politik II« 1980 verkündeten, wurde wieder über Kunst gesprochen, »seit die CSU im Münchener Rathaus die Mehrheit hat.«[295] Die CSU wollte mit den Künstlern den Dialog

---

[293] Bittner-Simmet an ihre BBK-KollegInnen am 24.02.1983 (Korrespondenz; Kontext/6; MBS-Archiv)

[294] Bittner-Simmet an Zehetmair am 25.03.1983 (Korrespondenz; Kontext/6; MBS-Archiv)

[295] Weiter: »25 Jahre lang war hier ›Sendepause‹. Vor allem unter dem Kulturreferenten Hohenemser gab es kaum eigenständige Kulturpolitik, geschweige denn Kunstförderung. Kulturausschußsitzungen vor 1978 waren langweilig und uninteressant, – in der SPD-Fraktion wurde bereits alles vorab besprochen bzw. abgeblockt. Die einzige Aktivität war hier auf diesem Gebiet im Bereich der Erwachsenenbildung zu finden, – dies mit Sicherheit nicht ohne einen Seitenblick auf die politische Bildung und die damit erhofften Einflußmöglichkeiten auf die Meinungs- und Willensbildung beim Bürger.« (Abschrift Symposium; Kontext/6; MBS-Archiv)

pflegen und nicht nur die Auseinandersetzung.[296] Diesem Programm schloss sich Bittner-Simmet an, denn der Großteil ihrer kulturpolitischen Tätigkeit spielte sich im Kontaktkreis PWK ab[297], dessen Polarisierung bezüglich Kunstform klar in eine Richtung ging, mit der sich die Künstlerin identifizieren konnte:

> *»Insbesondere Ihre persönlichen Ausführungen konnte ich nur bejahen und Ihre Aufforderung, die geistige Oberschicht möge endlich mehr Mut an den Tag legen und die seit 30 Jahren von der Presse hochgepäppelte Antikunst ablehnen, erschien für mich wie ein Silberstreif am Horizont. Es gibt ja genug bedeutende Wissenschaftler, auch Kunsthistoriker, ich nenne hier nur z.B. Sedlmayr, die in ihren Veröffentlichungen den direkten politischen Zusammenhang zwischen den allseits infiltrierten sozialistischen Bestrebungen und der sogenannten ›Antikunst‹ (womit ich jedwede nihilistische Mache meine) herausstellen.«*[298]

An den alle sechs Wochen stattfindenden Stammtischen wurden in Arbeitsgruppen Vorschläge zur Weiterentwicklung der Kunstförderung in Bayern in den Bereichen ›Zusammenhang von Kunst und Politik‹, ›Bedeutung des Rundfunks für Kunstförderung‹, ›Formen der Nachwuchsförderung‹, ›Kunst am Bau‹, ›Urheberrecht und Steuerrecht‹ erarbeitet.[299] Ergänzt wurden diese durch Ergebnisse der Diskussionen zwischen Künstlern und Politikern auf den einmal jährlich abgehaltenen Symposien, um die formulierten Forderungen im Bayerischen Landtag vorzubringen.

---

296 Ebenda.

297 Die Teilnahme kann von 1978 bis 1999 durch vorliegende Unterlagen bezeugt werden. (Kontext/6; MBS-Archiv)

298 Bittner-Simmet an Strauß am 20.12.1978 (Korrespondenz; Kontext/6; MBS-Archiv) Bestätigung dürfte sie auch von Richard Eichler erhalten haben, der ebenso im CSU-Kreis tätig war und sich literarisch äußerte: In »Künstler, Könner, Scharlatane« bezeichnet er das künstlerische Gebiet als »brachliegenden modernistischen Acker«. Richard W. Eichler: Künstler, Könner, Scharlatane, München [6]1960, S. 236. (Nachlassbibliothek; MBS-Archiv)

299 Bittner-Simmet nahm beispielsweise am Treffen der AG 7 »Differenzierte Gestaltung der Zuschüsse der öffentl. Hand« am 07.10.1981 und der AG 8 »Entwicklung kunstpolitischer Gegenpositionen zu den Versuchen einer freiheitsfeindlichen Kulturrevolution« am 16.10.1981, an der u. a. auch Hanns Vogel (Schriftsteller), Michael Meuer (Fachreferent für Bildende Kunst von 1980–2004), Heinrich Mock (Kunsthistoriker), Erich Steingräber und Udo v. Oven (Bildhauer und Nachbar) anwesend waren. (Einladungen; Kontext/6; MBS-Archiv)

In den Reihen saßen neben Politikern Bittner-Simmet mit Künstlern wie Petra Moll, Udo von Oven und Felicitas Köster-Caspar, der Schriftsteller Herbert Rosendorfer und Kunstwissenschaftler wie Heinrich Mock, Michael Meuer und Erich Steingräber.[300] Bittner-Simmet ergriff anschließend häufig auch die Gelegenheit, sich über ergänzende Anliegen brieflich auszutauschen, so etwa mit Erich Schosser[301] und ihrem Kollegen Udo von Oven.

> *»Ganz besonders habe ich mich natürlich gefreut, in Ihnen wenigstens mal eine Kollegin zu finden, die sich auch tatkräftigst um die Dinge bemüht und einsetzt.* […] *Es geht doch hier auch um den Stellenwert der ›Gesamt-Kunst‹, den die Kunst in unserer Gesellschaft heute hat und um den gesellschaftlichen beruflichen Stellenwert des ›Künstlers‹ schlechthin. Beides ist im Begriffe – abzusinken ins bodenlose, irrationale.«*[302]

Ihre Forderungen bezogen sich auf bessere Ausstellungsmöglichkeiten für gegenständlich arbeitende KünstlerInnen, Publikationen und deren Verbreitung durch die Medien sowie auf Unterstützung durch öffentlichen Kunstankauf im Rahmen von Kunst am Bau. Sie argumentierte mit der Behauptung, avantgardistische Künstler würden die öffentliche Hand aufgrund ihrer sinnlosen Kunstproduktion und entsprechenden Unfähigkeit zum wirtschaftlichen Überleben mehr kosten als gegenständlich Arbeitende, bei denen der Verkauf ihrer Werke gewährleistet wäre:

> *»Die zeitgenössischen Künstler, die auf Grund ihres Könnens und ihrer auf der Tradition fussenden eigenständigen künstlerischen Aus-*

---

300 Teilnehmende beim 4. Kunstsymposium im Schwarzen Saal der Residenz, 02.12.1981 (Sitzungsprotokoll; Kontext/6; MBS-Archiv)

301 Hierzu: Bittner-Simmet an Schosser am 21.12.1987: »Ich möchte die detaillierten Ausführungen mit Ihnen persönlich besprechen und hoffe dann auf Ihr Verständnis, daß ich mich nur dann weiterhin zur Mitarbeit bereit erklären kann, wenn die Leute zur Arbeitssitzung nicht eingeladen werden, deren Teilnahme und Information die Wirkung unserer Arbeit sofort ins Gegenteil ummünzen wird.« (Korrespondenz; Kontext/6; MBS-Archiv)

302 Von Oven an Bittner-Simmet am 12.07.1981. Von Oven setzte sich auch ein für die Toleranz in der Kunst bzw. die gleiche Unterstützung für konservative Künstler: »Zeitgenössische Kunst machen auch wir und das sollte mal festgelegt werden.« Von Oven an Hubert Wagner am 20.10.1981 (beide: Korrespondenz; Kontext/6; MBS-Archiv)

sage eine Chance hätten, ihre Werke zu verkaufen, werden von der oft zitierten Mafia aus dem Gesichtsfeld der Öffentlichkeit verdrängt und damit um den Erfolg ihrer Lebensarbeit gebracht. Sie aber wären die einzigen, die sich bei einer vernünftigen Förderung selbst ernähren könnten. Die anderen aber, die sogenannten Avantgardisten, deren Produktion ›ins Nichts‹ führt (Arnold Fehlen, Avantgardismus in der bildenden Kunst, 1966) werden ohnedies dem Staat zur Unterstützung anheimfallen. Das heißt in der Praxis, daß Heerscharen von pseudo-, anti- und Polit-›Künstler‹ vom Steuerzahler ernährt werden müssen. Wer dieser Entwicklung ohne Verharmlosung ins Auge schaut, kann die lauwarme Haltung der verantwortlichen Stellen und deren Entscheidungsangst schlechterdings nicht verstehen. Gute Kunst ist nämlich meist auch verständlich und sogar einfacheren Menschen durchaus zugänglich. Dazu gehört allerdings, daß man sie der Öffentlichkeit überhaupt noch zugänglich macht und zwar nicht nur in Museen, die die Kultur vergangener Jahrhunderte zeigen. Das heißt, daß die öffentliche Hand in ausreichendem Maße Ausstellungsmöglichkeiten bieten sollte zur künstlerischen Darstellung auch der zeitgenössischen gegenständlichen Künstler. Genauso wichtig wären Publikationen ihrer Arbeiten und deren Verbreitung durch die Medien; daß aus den Mitteln von Kunst am Bau verstärkt Werke der freien Maler und Bildhauer angekauft werden, nicht nur ›angewandte Kunst‹ – soweit dieser Begriff noch angebracht ist. In den meisten Fällen würde dadurch für die Öffentlichkeit ein bleibenderer Wert geschaffen als mit irgendeinem zeitgebundenen ›Kunstobjekt‹.«[303]

Ein nachvollziehbares, da als Abschrift vorliegend, öffentliches Statement, gab Bittner-Simmet auf dem Kulturpolitischen Kongress in Ingolstadt 1986[304], auf dem sie ihre bisher angestrebten Verbesserungsvorschläge aus folgenden Bereichen noch einmal vorbrachte: Gleiche öffentliche Förderung aller Kunststile, künstlerische Grundausbildung der Jugendlichen, der Staat als Partner der Künstler und nicht des Kunsthandels, Liberalität im Hinblick auf Selektion der Kunstwerke für die Öffentlichkeit.

---

303 Bittner-Simmet an Otto Wiesheu und Hubert Wagner (CSU) am 13.01.1982 nach dem Symposium am 02.12.1981 (Korrespondenz; Kontext/6; MBS-Archiv)

304 Im Stadttheater Ingolstadt, 25./26.04.1986 (Protokoll; Kontext/6; MBS-Archiv)

Auch in Privatinitiative beteiligte sich Bittner-Simmet an einer kulturpolitischen Diskussion, bei der es um die versuchte Aufklärung der von ihr als dubios bewerteten Ankäufe der Bayerischen Staatsgemäldesammlung zwischen 1969 bis 1987 unter Generaldirektor Steingräber ging, weswegen sie sich an den Kulturpolitischen Ausschuss des Bayerischen Landtags wandte:

> »*Transparenz allen staatlichen Handelns ist eine unabdingbare Voraussetzung unseres demokratischen Rechtsstaates. Vor allem die Verwendung der öffentlichen Haushaltsmittel, also unserer Steuergelder, muß nachprüfbar und nachvollziehbar sein. Die Kontrolle durch unabhängige Rechnungshöfe bei Bund und Ländern sichert diesen Grundsatz. Eine bedauerliche Ausnahme von diesem Grundsatz bildet offenbar die Ankaufspolitik der staatlichen Gemäldesammlung. Die unangenehmen, bis heute nicht aufgeklärten Machenschaften um das Daubigny-Gemälde und andere Presseenthüllungen über dubiose Ankäufe geben deutliche Hinweise, daß hier die staatliche Aufsicht und die Kontrolle der Öffentlichkeit versagt hat. Letztere allerdings deshalb, weil die Öffentlichkeit von der Verwendung der für Kunstankäufe vorgesehenen Etatmittel nur sporadisch etwas erfährt, nämlich dann, wenn ein kleinerer oder größerer ›Skandal‹ durch die Presse oder durch Zufall im Hinblick auf Ankäufe aufgedeckt wird.*«[305]

Von einer Wertschätzung ihrer Mitarbeit seitens der CSU kann ausgegangen werden, jedoch bedeutet dies nicht zwangsläufig eine erfolgreiche Durchsetzung der gestellten Forderungen.[306] Über die Auswirkungen ihres kulturpolitischen Engagements auf die eigene Situation als Künstlerin können keine konkreten Aussagen gemacht werden.[307] Le-

---

305 Bittner-Simmet am 10.01.1994 (Korrespondenz; Kontext/6; MBS-Archiv) Diese Zeilen entstanden wohl in Unterstützung mit Hugo Schaubert, mit dem Bittner-Simmet in privatem Kontakt stand.

306 Hierzu: Bittner-Simmet an Schosser am 21.12.1987: »Wenn wir als jahrelange idealistische Mitarbeiter dauernd übergangen und de facto genauso in die innere Emigration verbannt werden wie manche Künstler durch das totalitäre Regime, so kann man uns eine gewisse Frustration wahrlich nicht übel nehmen.« (Korrespondenz; Kontext/6; MBS-Archiv)

307 Die kulturpolitischen Interessen, für die sich der Kontaktkreis PWK einsetzte, haben sich offenbar in der realen Praxis in die Tat umgesetzt. Hierzu Michael Meurer zum Status quo der kommunalen Kunstpolitik in München anlässlich einer Tagung über die Kulturpolitik in der Hanns-Seidel-Stiftung e.V. (Akademie für Politik und

diglich kann konstatiert werden, dass sich der ein oder andere Kontakt aus der Politik auf ihr künstlerisches Dasein positiv auswirkte, etwa im Falle einer erhaltenen finanziellen Unterstützung, der Organisation einer Ausstellung, der Anwesenheit von berühmten Persönlichkeiten auf ihren Vernissagen oder der Erteilung eines Auftrags.

Kontroverse Meinungen über den Ankauf der Stadt München des Werkes von J. Beuys »zeige deine Wunde«

Joseph Beuys legte eine Zündschnur in Münchens Kulturleben, als er im Februar 1976 im Kunstforum in der Maximilianstraße »zeige deine Wunde« installierte.[308] Obwohl diese Schau noch relativ unbeachtet blieb[309], bedeutete sie den Startschuss für eine weitgreifende heftige Diskussion über den Sinn und Wert zeitgenössischer Kunst, die auf

---

Zeitgeschehen): »Alle Kunstförderungsmaßnahmen mit dem Ziel einer Verbesserung der Produktions-, Präsentations- und Vermittlungsbedingungen für Künstler sind geleitet von einem Bekenntnis zur Leistungs- und damit Qualitätsorientierung im Kunstschaffen, ohne dabei allerdings das real existierende Phänomen *pluralistischer Kunstproduktion* und Kunstrezeption unberücksichtigt zu lassen.« (Hervorhebung durch die Autorin) Meuer, in: Schmirber/Mai 1994, S. 179–190, hier S. 188.

308 Das Werk entstand 1974 und 1975 in München. Es besteht aus zwei Leichenbahren, darüber fahles Licht, das hinter fettverschmierten Scheiben in zwei Kästen schimmert. Unter dem Ausflussloch der Bahren für die Sekrete der toten Körper stehen wieder zwei identische Kästen, gefüllt mit geknetetem Fett, darin eingebettet jeweils ein Fieberthermometer. Aus den Kästen ragen mit Gaze umschlossene Reagenzgläser, die auf mit Gaze überdeckte Einmachgläser weisen, worin sich die Schädel von zwei Drosseln befinden. An einer Wand lehnen zwei Mistgabeln, mit denen Zirkelschläge auf dunklen Platten ausgeführt wurden. Gegenüber hängen zwei Schultafeln mit der Aufschrift ›zeige deine Wunde‹, zwei alte Schäferspaten, die mit Siegeln und Kreuzzeichen markiert sind sowie zwei getafelte und gerahmte Zeitungen »Lotta continua«. Eine ausführliche Beschreibung des Werks findet sich in der Publikation der Städtischen Galerie im Lenbachhaus 1980, Bd. 1, o.S.

309 Lange, in: Drude/Kohle 2003, S. 239–247, hier. S. 241.

einer im Verlauf der 70er-Jahre aufgebauten Debatte über den Stellenwert von Kunst in der Gesellschaft fußte.[310]

Die Bombe platzte dann endgültig, als die Nachricht an die Öffentlichkeit gelangte, das Werk solle mit öffentlichen Geldern angekauft werden. Dies rief gleichermaßen begeisterte Zustimmung wie radikale Ablehnung hervor. Sehr zahlreich wurde darüber in der Presse berichtet, je nach ideologischer Ausrichtung des Organs auf unterschiedliche Weise.[311] Vor allem wegen der Diskrepanz zwischen dem scheinbar nicht vorhandenen Gestaltungswert der Arbeit und den von ihr hervorgerufenen unangenehmen Empfindungen sowie den erheblichen bereitzustellenden Geldmitteln wurde der Ankauf als Provokation empfunden, seitens des Museums aber als Aufbruch für eine neue Sammlungsmaterie verstanden.[312]

Die Stimmen des Protests waren laut und weitreichend, verhinderten aber nicht den Ankauf. Vielmehr regten sie die Diskussion über den Umgang mit der Gegenwartskunst an und warfen die Aufgabe auf, sie in die akademische Theorie aufzunehmen.[313] Die Diskussion zur Frage der Berechtigung des Werks und seines Ankaufs sowie seine Interpretation können im Folgenden nicht ausgeführt werden.

Der damalige Direktor der Städtischen Galerie im Lenbachhaus Armin Zweite und der Kulturreferent der Stadt München Jürgen Kolbe setzten den Ankauf des Environments im Herbst 1979 mit der mehr-

---

310 Diese Vorstellung entsprach dem Programm der Studentenbewegung, welche eine durch Fantasie angeregte Umgestaltung der sozialen Verhältnisse vorsah. Vgl. Lange, in: Drude/Kohle 2003, S. 239–247, hier S. 241.

311 Ein Blick über die Presseberichte lässt feststellen, dass der Großteil der Presse das Thema ins Negative zog. Vor allem Reinhard Müller-Mehlis schürte im Bayernkurier und im Münchner Merkur die öffentliche Meinung gegen das Werk. Gegnerische Stimmen wurden außerdem in Die Welt und der AZ publiziert. Beuys-Anhänger äußerten sich in der Süddeutschen Zeitung. Die Münchner Merkur, die häufig auch von Bittner-Simmet für die Publikation ihrer Ausstellungen konsultiert wurde, berichtete bezüglich Beuys über den »teuersten Sperrmüll.« (Presse; Kontext/6; MBS-Archiv)

312 Städtische Galerie im Lenbachhaus 1980, Bd. 1, o.S.

313 Lange, in: Drude/Kohle 2003, S. 239–247, S. 243 und 245.

heitlichen Zustimmung des Münchner Stadtrats[314] durch.[315] In der Folge wurde ›zeige deine Wunde‹ dann am 22. und 23. Januar im Raum 37 der Städtischen Galerie im Lenbachhaus installiert und drei Tage später in Anwesenheit des Künstlers der Öffentlichkeit vorgestellt. Am Nachmittag des Eröffnungstages fand eine Podiumsdiskussion statt. Die dort vertretenen und offenbarten Meinungsrichtungen können exemplarisch für jene in der Öffentlichkeit gängigen verstanden werden – so auch jener Bittner-Simmets.

In der Diskussion, die von Peter M. Bode moderiert wurde, befanden sich neben Kolbe und Zweite der Kunsthistoriker J. A. Schmoll, Joseph Beuys und CSU-Landtagsabgeordneter Richard Hundhammer auf der gegnerischen Seite.

Die Befürworter waren sich über die Bedeutung des »zivilisationskritischen« (Zweite) Werks einig: Es sei durchaus die Aufgabe der Städtischen Galerie, sich mit »relevanten Strömungen der Kunst auseinanderzusetzen« (Kolbe), da das Werk in einer [kunst-]»historischen Entwicklung« (Schmoll) steht.[316] Beuys hätte bei der Auswahl der Dinge ein in sich stimmiges Konzept verfolgt, es sei eine den obsoleten Dingen inhärente Formbestimmtheit zu beachten. Das Kunstwerk erschließe sich dem Publikum nur durch Mitdenken auf einer neuen Sinnebene, wodurch sich ein »fruchtbares Dialogverhältnis zwischen Werk und Betrachter konstituiert.«[317]

---

314 Stimmen der SPD, FDP und teils der CSU-Fraktion (vier Gegenstimmen). Vgl. Reinhard Müller-Mehlis: Beuys-Environment für München. Ein religiöses Mahnmal?, in: Handelsblatt (1980), o.S., veröffentlicht in: Städtische Galerie im Lenbachhaus 1980, Bd. 2, o.S. CSU-Stadtrat Lerchenmüller, der sich für den Ankauf aussprach, äußerte sich folgendermaßen: »Ich bin zum Stadtrat und nicht zum Kunstrichter gewählt worden, und ich lehne es ab, in einer demokratischen Abstimmung darüber zu entscheiden, was Kunst ist, je nach der politischen Großwetterlage oder der Vermutung, was der Wähler gerne sähe.« Vgl. Carna Zacharias/Ingrid Seidenfaden: Meine Kunst ist auch ein Röntgenbild dieser Zeit. AZ-Diskussion mit Joseph Beuys über »zeige deine Wunde«, in: Feuilleton der AZ vom 28.01.1980, S. 10. (Presse; Kontext/6; MBS-Archiv)

315 Gerd Holzheimer/Ernst Rebel/Reinhard Schulz: Habe die Ehre! Ein halbes Jahrhundert Kultur in München. Von der Nachkriegszeit bis in die Gegenwart, München 2008, S. 58.

316 Zacharias/Seidenfaden, in: Feuilleton der AZ vom 28.01.1980, S. 10. (Presse; Kontext/6; MBS-Archiv)

317 Armin Zweite: »Zeige deine Wunde«. Das Münchner Environment von Joseph Beuys, in: Städtische Galerie im Lenbachhaus 1980, o.S.

Beuys selbst verurteilte Richard Hundhammer auf der Podiumsdiskussion aufgrund seiner Äußerungen, er sei nicht genügend vorbereitet, »um die Probleme moderner Kunst in Zusammenhang mit der kulturellen Umwandlung, mit ihren Kraftfeldern von Humanität und Freiheit zu sehen.«[318] Schließlich – so Beuys – sei jeder Mensch ein Künstler und sein Environment gäbe den Menschen die Möglichkeit, Aufschluss über Ideen und ihre Verbindungen zu gewinnen.[319]

Obwohl Hundhammer mit seiner Position auf dem Podium in der Minderheit war, hatte er in der anschließenden öffentlichen Diskussion viele Anhänger. Er hatte sich bereits im Vorfeld gegen den Ankauf geäußert, indem er eine Aufsichtsbeschwerde bei der Regierung von Oberbayern[320] einreichte sowie seine Gegenargumente dem 2. Bürgermeister Münchens Winfried Zehetmeier vorbrachte.[321] Er argumen-

---

318 Vom 28.01.1980, S. 10.

319 Jost Herbig: Die Dinge haben ihre Sprache. Interview mit Beuys, in: Feuilleton der SZ vom 26./27.01.1980, o. S. (Presse; Kontext/6; MBS-Archiv)

320 Damit wollte er die Regierung vom Kauf mit folgenden Argumenten abhalten: Es handele sich um eine Verschwendung der Steuergelder, das Volk würde kein Verständnis dafür haben. (»Wenn diese ›Arbeit‹ nicht mit dem Namen des als ›Künstler‹ sehr umstrittenen Herrn Beuys verbunden wäre, würde man sie, zumindest im Zusammenhang mit dem geforderten Kaufpreis von über einer Viertelmillion Mark, als die Ausgeburt eines Verrückten oder das Werk eines Scharlatans ansehen.«) Vgl. Hundhammer an Regierungspräsident Oberbayerns am 19.10.1979 (Kopie Aufsichtsbeschwerde; Kontext/6; MBS-Archiv)

321 »Mein Protest gegen den Ankauf einer Beuys-›Arbeit‹ durch die Landeshauptstadt München mit Steuergeldern. [...] 8. Allein Ihnen überlassen bleibt es zu ›glauben, daß dieses Werk ein Kunsterlebnis vermitteln kann.‹ Das Problem ist: Beuys kann ›arbeiten was und wie er will, jedermann kann kaufen, was und wie er will, nur nicht mit dem Geld anderer Leute‹. [...] 10. Wenn überhaupt, so wäre der Ankauf des Beuys-›Objektes‹ zu angemessenen Bedingungen nur mit der Begründung zu rechtfertigen, daß man künftigen Generationen dokumentieren möchte, in welch geistiger Verfassung sich ein Teil unserer Gesellschaft in den 70er Jahren des 20. Jahrhunderts befand.« Vgl. Richard Hundhammer an Winfried Zehetmeier am 07.11.1979; Antwort Zehetmeier an Hundhammer: »Ich gestehe offen: Ich habe keinen leichten Zugang zu Beuys und zu vielen anderen zeitgenössischen Künstlern. Aber ich möchte die sehr individuelle Begrenztheit meines Wissens und meiner Wahrnehmungsfähigkeit nicht zum obersten Maßstab meiner Stimmabgabe in einem der Gesamtheit unserer Bürger verpflichteten parlamentarischen Gremium machen. Immerhin hat mich die Beschreibung des Objektes von Beuys ›zeige deine Wunde‹, was wohl soviel heißt wie: ›Bekenne dich zu deiner Sterblichkeit‹, tagelang veranlaßt, über meinen mir wie allen Menschen bevorstehenden Tod nachzudenken. Ich wüßte nicht, daß das auch ein anderes Werk der bildenden Kunst in den letzten Jahren vermocht hätte. [...] Ich war in der Sitzung des Kulturausschusses, in der beschlossen wurde, das Objekt von Beuys anzukaufen, nicht anwesend.

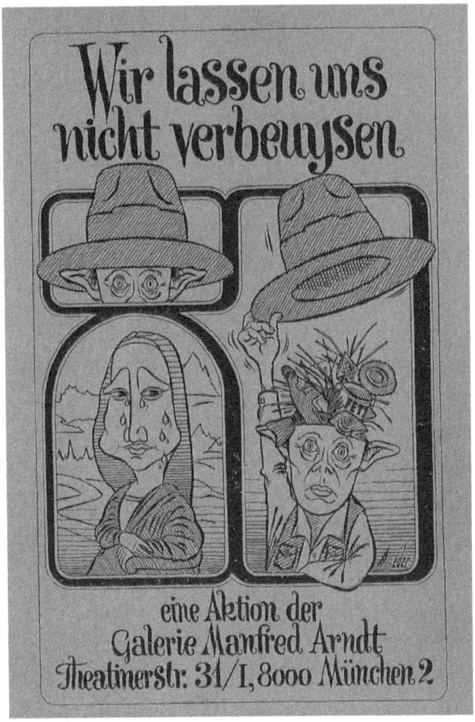

62: »Wir lassen uns nicht verbeuysen«, 1981

tierte damit, dass sich der Kauf gegen die Ankaufs-Richtlinien aufgrund des fehlenden Bezugs zu München richte und außerdem damit Steuergelder verschleudert würden.[322]

Wäre ich es gewesen, hätte ich dafür gestimmt und dies aus einer Reihe von Gründen: Erstens: Weil ich mir nicht anmaße, meinen Kunstverstand über den Verstand derjenigen zu setzen, die täglich mit solchen Werken umgehen. Zweitens: Weil ich glaube, daß dieses Werk ein Kunsterlebnis vermitteln kann. Drittens: Weil ich weiß, daß in einer finsteren Epoche unseres Volkes Bücher verbrannt und die Künstler verbrannt wurden, die wir heute hochschätzen. Viertens: Weil ich weiß, daß die Entwicklung der Kunst immer wieder schwer verständliche Durchgangsphasen aufwies. Fünftens: Weil auch öffentliche Sammlungen dokumentieren müssen, was zu bestimmten Zeiten als Kunst galt (oder tatsächlich Kunst war). Sechstens: Weil ich, obwohl anfänglich eher angewidert, nach längerem Nachdenken angerührt bin vom Eindruck der Beuys'schen Raumgestaltung.« Winfried Zehetmeier: Mein Plädoyer für Beuys, in: Feuilleton der AZ vom 17./18.11.1979, o.S. (Presse; Kontext/6; MBS-Archiv)

322 »Meine Kritik richtet sich gegen Herrn Kolbe und die Stadträte: Ich werfe ihnen zwei Punkte vor: Erstens: Der Kauf verstößt gegen die Ankaufs-Richtlinien, weil es keinen Bezug zu München bei diesem Werk gibt und zweitens: Dieser Kauf grenzt an kriminelle Verschleuderung von Steuergeldern. Die einzige Rechtfertigung wäre die Originalität, aber die gibt es nicht. Sargdeckel, Kloschüsseln und Badewannen

Gegnerische Stimmen begnügten sich nicht mit einer reinen Meinungsäußerung. Die Galerie Arndt konstatierte: »Wir lassen uns nicht verbeuysen«[323] (Abb. 62) und rief die Bürger Münchens dazu auf, den »baldmöglichsten Wiederverkauf des Beuys-Objektes ›Zeige mir Deine [!] Wunde‹ und die Zuführung des Erlöses für sinnvolle öffentliche Zwecke zu fordern.«[324]

Auch auf dem CSU-Kunstsymposium zum Thema »Kunstfreiheit und staatliche Förderung« am 22./23.02.1980 im Künstlerhaus am Lenbachplatz war Beuys Diskussionsthema: Peter Jena Korn referierte über »Beuys ist unschuldig. Die Rolle der Presse im Verhältnis von Politik und Kunst« und kam zum Fazit, dass die Schuld an der Tatsache, dass »Beuys ›Nicht-Kunst‹« als Kunst abgenommen wurde, vor allem bei den Politikern zu suchen wäre.[325] Auch Zehetmair äußerte sich dazu und sprach sich für den Ankauf aus, da in öffentlichen Sammlungen dokumentiert werden müsse, was zu bestimmten Zeiten als Kunst gelte.[326]

Bittner-Simmet konnte Zehetmairs Befürwortung in diesem Fall mit Sicherheit nicht teilen. Ganz der allgemeinen Haltung der CSU entsprechend, welche antimodernistische Diffamierungen förderten und belebten, sah sie in der gesellschaftlichen Aufbruchbewegung die kulturellen Werte und Traditionen in Gefahr.[327] Folglich positionierte sich Bittner-Simmet im Streit um Beuys eindeutig auf der Seite der Ankaufsgegner und äußerte sich hierzu bei Franz Josef Strauß am 14.11.1979 folgendermaßen:

---

habe ich schon vor Jahren gesehen.« Zacharias/Seidenfaden, in: Feuilleton der AZ vom 28.01.1980, S. 10. (Presse; Kontext/6; MBS-Archiv)

323 In: CONTRAST. Beobachtungen zur aktuellen Kulturszene, November 1981, o.S. (Zeitschrift; Kontext/6; MBS-Archiv)

324 Städtische Galerie im Lenbachhaus, Bd. 2, 1980, o.S.

325 »die progressiven [Politiker], weil sie die Kulturpolitik derartig politisiert haben, daß die kulturelle Seite dabei völlig in den Hintergrund gedrängt worden ist, und die konservativen, weil sie diese Politisierung nicht wahrhaben wollen und inzwischen alle Chancen verschlafen haben, ihre eigenen Auffassungen in einem überschaubaren Konzept zu präzisieren und seine Durchführung mit Wort und Tat unterstützen.« Korns Ausführung beschäftigten sich außerdem mit der Frage, ob das »Gebilde ›Zeige dein Wunde‹« ein Kunstwerk oder ein Schwindel sei – »nichts von beidem«. Vgl. Referate und Ergebniszusammenfassung, hg. v. CSU-Landesleitung, München 1980, S. 28–29. (Kontext/6; MBS-Archiv)

326 Ebenda, S. 18.

327 Lange, in: Drude/Kohle 2003, S. 239–247, S. 242.

»Gelder in Höhe von 135.000,-DM für ein blödsinniges Machwerk auszugeben, nur weil es von einer gewissen Clique von Schreiberlingen, die ihre Drahtzieher auf der ganzen Welt haben, hochgejubelt wird, ist einfach ein Skandal. [...] Eine grosse Enttäuschung auch, daß nur ein einziger Abgeordneter, nämlich Herr Dr. Hundhammer, sich gegen den Beuys-Ankauf gestellt hat. [...] Es wird nun an Herrn Regierungspräsident Eberle liegen, diesen skandalösen Ankauf zu verhindern. Das ist seine Aufgabe als Rechtsaufsichtsbehörde, die auch über die sparsame Verwendung der Haushaltsmittel zu wachen hat. Ihm die nötigen Direktiven zu geben, das ist der Zweck meines Briefes und das können nur Sie, sehr geehrter Herr Ministerpräsident! [...] Es genügt schon, daß der Stadtrat auf Anraten von Herrn Kolbe unlängst für eine Ausstellung im Völkerkundemuseum unter dem Protektorat des Machers Kasper König 45.000,- DM zum Fenster hinausgeworfen hat. Absoluter Blödsinn und miesester Sexualismus waren die Ausdrucksformen.«[328]

Entsprechend missgestimmt war Bittner-Simmet dann bei der Übernahme der Schirmherrschaft für die Installierung des Beuys-Werks ›Das Ende des XX. Jahrhunderts‹ in der Staatsgalerie Moderner Kunst (heutige Pinakothek der Moderne) durch Strauß:

In der neuen Staatsgalerie Moderner Kunst (rechter Flügel oben) sind die ›Beuyse‹ eingezogen. Wir unterhalten die wertvollen Räume für allerlei Schrott. Es gibt keine noch so geistlose Bastelei, die dort nicht ihren Platz fände, neben zahlreichen Schenkungen ausländischer Vertreter gleichen Niveaus. Die gute Kunst in den unteren Räumen wird immer mehr verdrängt und unsere guten deutschen Künstler schlummern in Depots.«[329]

Der Titel des letzten Pressebeitrags über Beuys, den Bittner-Simmet aufbewahrte, lautet: »Der Mann mit dem Hut ist tot – Beuys liebte Filz, Fett und Grün«.[330]

---

328 (Korrespondenz; Kontext/6; MBS-Archiv) Eberle dazu: »Es läßt sich meines Erachtens nicht sagen, daß die fragliche Arbeit keinesfalls als Kunst angesehen werden kann.« Vgl. Eberhard Geiger: Letzte Entscheidung. Kein Veto gegen Beuys, in: Münchner Merkur, Nr. 290, 1979, S. 13. (Presse; Kontext/6; MBS-Archiv)

329 Bittner-Simmet an Strauß am 04.03.1983 (Korrespondenz; Kontext/6; MBS-Archiv)

330 Peter M. Bode: Der Mann mit dem Hut ist tot – Beuys liebte Filz, Fett und Grün, in: Feuilleton der AZ vom 25./26. Januar 1986, S. 26. (Presse; Kontext/6; MBS-Archiv)

SCHLUSSBEMERKUNGEN

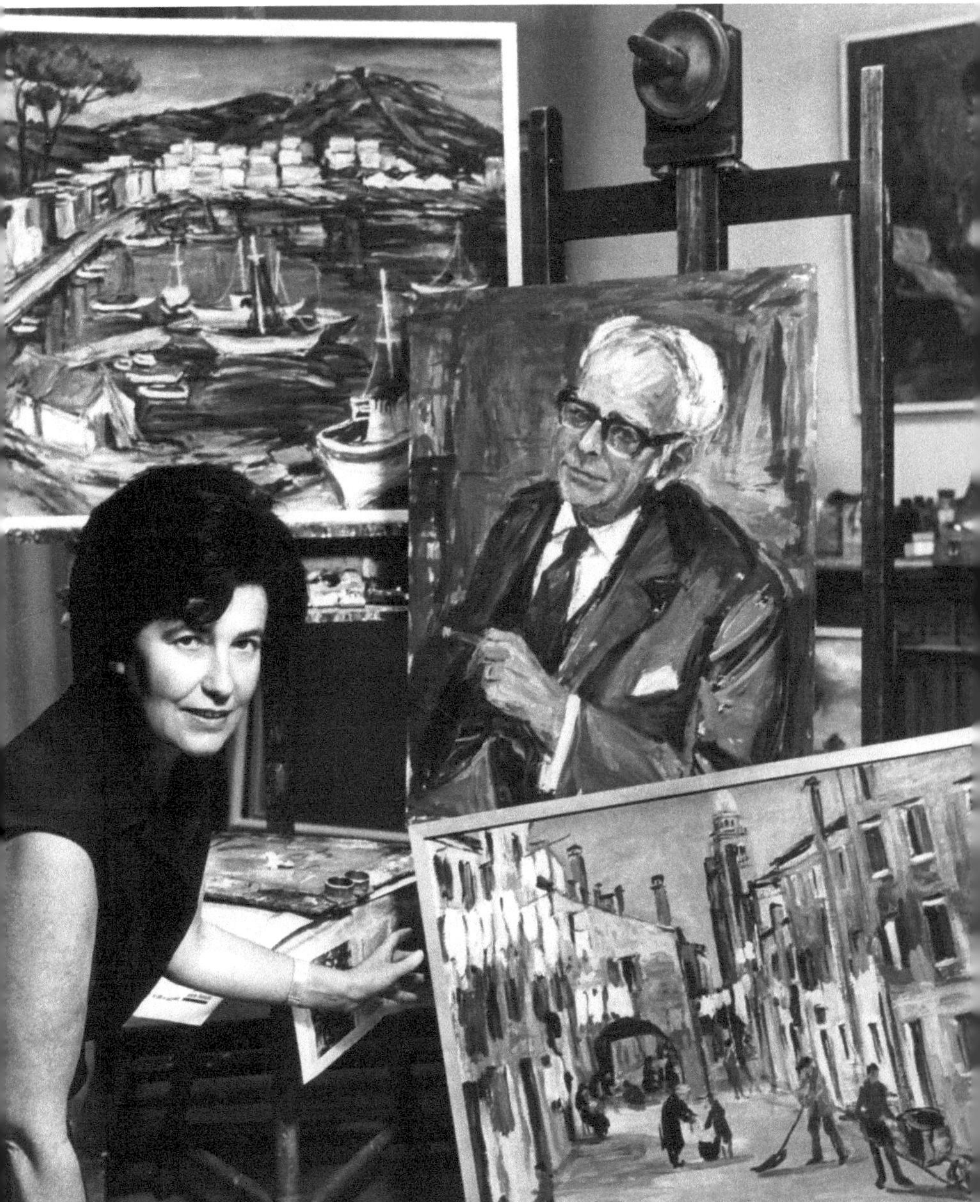

Zusammenfassung

Die Hauptschaffensphase der Münchner Malerin Magda Bittner-Simmet erstreckte sich über die 2. Hälfte des 20. Jahrhunderts. Noch während des Zweiten Weltkriegs schloss Bittner-Simmet ihr Akademie-Studium in München ab, das von der herrschenden Ideologie stark geprägt und eingeschränkt war. Dementsprechend entwickelte sich ihre Bildsprache, die während ihres gesamten Schaffens in traditionell akademischer Maltechnik ausgeführt wurde. Bittner-Simmet blieb in der Zeit von Stilpluralismus eine konsequente Vertreterin der gegenständlichen Malerei. Die zunehmende Veränderung der Kunst seit Mitte des Jahrhunderts mit neuen künstlerischen Ausformungen, vor allem mit konzeptuellen Ansätzen und gesellschaftlicher Relevanz als verbindendem Element, beeinflusste ihre Arbeit nicht. Lediglich in der Farbigkeit fand eine signifikante Entwicklung statt: Zu Beginn war ihre Malerei farblich noch sehr an jener dunklen-erdtonigen Malerei der Münchner Schule orientiert, während sich ihre Palette in den 50er-Jahren durch kräftigere Farben erweiterte. Auch Komposition und Pinselführung wurden immer freier, expressiver.

In der Zeit der gesellschaftlichen, politischen, wirtschaftlichen Erneuerung und der Suche nach Zukunftsperspektiven nach Kriegsende lag der Beginn ihrer beruflichen Tätigkeit als freischaffende Künstlerin. Bei Bittner-Simmet fand in der Nachkriegszeit also keine Wiederaufnahme der künstlerischen Tätigkeit statt, wie bei vielen ihrer älteren KollegInnen, sondern der Auftakt ihrer Karriere. Bereits während des Studiums war sie auf den Verkauf ihrer Aquarelle bedacht. Denn sie musste ihr Studium allein finanzieren, ohne finanzielle Unterstützung durch Elternhaus oder Ehemann. Ungebrochen war ihr Bestreben, ihren Lebensunterhalt ausschließlich als Künstlerin zu bestreiten, auch unmittelbar nach dem frühen Tod des Ehemanns, in Zeiten der Geldknappheit und darüber hinaus. Immer hielt sie am Entschluss fest, als freie Malerin zu arbeiten, was von ihr eine Überlebensstrategie und unermüdlichen Einsatz erforderte. Als emanzipierte, willens- und durchsetzungsstarke Frau konnte Bittner-Simmet diese Ansprüche erfüllen.

Die Künstlerin wählte hierfür die Strategie, sich im gesellschaftlichen Leben aktiv zu beteiligen, um so an ideelle und wirtschaftliche Förderer zu gelangen. Ihr äußeres, auffälliges Erscheinungsbild in der Öffentlichkeit mit stets gepflegtem Make-up unterstrich sie durch ausgewählte, maßgeschneiderte Kleidung in starken Farben. Zielstrebig baute sie sich ein Netzwerk auf, das zahlreiche Personen aus intellektuellen, kirchlichen und vor allem politischen und wirtschaftlichen Kreisen umfasste. Der Großteil ihrer Aufträge und Ausstellungen lässt sich auf entsprechende Kontakte zurückführen, die Bittner-Simmet selbst knüpfte und intensiv pflegte. Befördert wurde dies durch den Ort ihres Agierens, nämlich Schwabing als das nach dem Krieg reanimierte Künstlerviertel Münchens sowie durch den gezielten Anschluss an KünstlerInnen-Vereinigungen oder an kulturelle Kreise, die das geistige Leben Münchens beeinflussten. Ihre Förderer kamen aus den genannten Zirkeln sowie aus der öffentlichen Verwaltung, aus kirchlichen Institutionen oder aus Bank- und Versicherungswesen, weniger aus dem Kunst- und Museumsbereich im engeren Sinn.

Das eigene Wohn- und Atelierhaus Bittner-Simmets mit großem Garten direkt am Englischen Garten – zu Beginn der 70er-Jahre erbaut – trug zur Selbstinszenierung als Methode der gesellschaftlichen Integration bei und verlieh ihr als Künstlerfigur eine gewisse Aura. Das beeindruckende, repräsentative Atelier als Ort des Entstehens ihrer Kunstwerke war gleichzeitig auch Zentrum ihres Netzwerks und somit Ort des Austauschs über kulturelle und aktuelle Themen.

Bittner-Simmet zeigte sich stets bemüht um die Erscheinung in öffentlichen Medien, besonders zu verschiedenen Anlässen. Ihre mediale Präsenz verstärkte die Künstlerin durch zwei Farbbände über ihr Leben und Werk, von ihr selbst publiziert im renommierten Hirmer-Verlag. Durch die Reproduktion ihrer Werke in Kalendern und auf Postkarten versuchte sie außerdem, ihre Kunst zu erschwinglichen Preisen in den Umlauf und somit ins Bewusstsein der Öffentlichkeit zu bringen.

Auch durch die deutliche Präsenz in Ausstellungen versuchte Bittner-Simmet fester Bestandteil der Münchner Kunstszene zu sein. Nach heutigem Wissenstand können insgesamt 135 Ausstellungen und Atelierveranstaltungen nachgewiesen werden, an denen sie teilnahm oder die sie selbst organisierte. Im Gesamten sind ungefähr gleich viele Gruppen- wie Einzelausstellungen festzumachen. Zu Beginn ihrer Karriere waren es vorwiegend von Vereinen wie der GEDOK, dem BBK oder dem Schutzverband Bildender Künstler organisierte Ausstellungen, an denen sie häufig und regelmäßig teilnahm.

In diesem Umfeld begegneten sich immer wieder dieselben KünstlerkollegInnen, wie etwa im Haus der Kunst auf der »Grossen Kunstausstellung«, die einmal jährlich die aktuelle Situation der zeitgenössischen lokalen Kunstszene reflektierte.

Mit zunehmendem Alter und somit auch zunehmender Reichweite ihres Kontaktkreises wurden Einzelausstellungen immer häufiger, wobei sie selbst die Initiatorin und Macherin der Ausstellungen war. Ausdrücklich eingeladen wurde sie zu der Teilnahme an ihrer letzten Kollektivausstellung in der Seidlvilla im Jahre 2001. Ihre Einzelausstellungen fanden größtenteils in der näheren Umgebung Münchens statt. Bittner-Simmet war aber auch im Ausland vertreten: Zunächst in Paris und Rom auf Gruppenausstellungen in Zusammenarbeit mit der GEDOK, in Cannes und Nizza anlässlich der »Semaines Internationales de la femme« und später dann auf einer Einzelausstellung in Bordeaux im Rahmen der Städtepartnerschaft mit München. Bittner-Simmet bemühte sich um weitere Ausstellungen im Ausland – etwa in New York oder Wien –, jedoch wurden diese Vorhaben nicht realisiert. Die letzte internationale Ausstellung war 1970 in Bordeaux. Initiatorin ihrer Einzelausstellungen – die erste im öffentlichen Raum fand 1971 im Goslarer Museum statt – blieb sie selbst. Zunehmend jedoch wirkten prominente Persönlichkeiten wie Politiker, geistige Würdenträger, Kunsthistoriker und Gelehrte bei ihren Ausstellungen mit, sei es als Vermittler, Besucher oder Laudatoren.

Die Beteiligung von Prominenten an ihren Ausstellungen ist in unmittelbarem Zusammenhang mit Bittner-Simmets kunst- und kulturpolitischen Aktivitäten zu sehen, die Ende der 70er-Jahre begannen. Durch Mitwirkung in der Kunststiftung der Deutschen Wirtschaft, im BBK und im Kontaktkreis Politik – Wissenschaft – Kultur der CSU/CDU setzte sie sich für die Verbesserung der Lage von KünstlerInnen in Bayern ein. Sie forderte vor allem eine ausgewogene Förderung jeglicher Kunststile, da die damals als überholt geltenden gegenständlichen MalerInnen aus der Perspektive Bittner-Simmets vernachlässigt wurden. Verbessert werden sollten die Ausstellungsmöglichkeiten, die Verbreitung von künstlerischem Tun in den Medien, die Steuerbefreiung von Kunstschaffenden sowie eine vermehrte Unterstützung durch öffentliche Ankäufe. Durch zahlreiche schriftliche Stellungnahmen, die aktive Teilnahme an Arbeitsgruppen und Symposien der kulturpolitischen

Ausschüsse und durch öffentliche Äußerungen trat Bittner-Simmet vehement für die Verwirklichung ihrer Meinungen und Interessen ein.

Die Haltung Bittner-Simmets zum Wesen von Kunst bzw. ihrer angemessenen Förderung kann an ihren Äußerungen anlässlich des Ankaufs von ›zeige deine Wunde‹, einem Werk von Beuys, durch die Stadt München im Jahre 1980 verdeutlicht werden: Hier stellte sie sich wie immer auf die Seite der Traditionalisten und Konservativen, die das Wesen der Kunst, ihren Wert und Zweck darin sahen, aus innerem Antrieb etwas für den Menschen Erkennbares zu schaffen und neue aufkommende Kunstformen als Anti-Kunst verurteilten. Ihre eigene, konsequent gegenständliche Bildsprache entsprach dieser kunst- und kulturpolitischen Haltung. Laut Zeitzeugenbericht hat sich Bittner-Simmet mit ihren Aussagen im Kollegenkreis zunehmend ins Abseits gestellt, weshalb sie dort im Alter nicht mehr geschätzt und beachtet wurde.[331]

Fazit und Ausblick

Wie die Darstellung zeigt, vertrat die Künstlerin Magda Bittner-Simmet eine von vielen – in der Forschung unbeachteten[332] – Künstlerpositionen der Münchner Kunstszene der zweiten Hälfte des 20. Jahrhunderts, die konsequent traditionell arbeiteten, ohne sich von den neuen künstlerischen Ausdrucksformen beeinflussen zu lassen.

Bittner-Simmet verfolgte von Beginn an ihre eigene Richtung und widersetzte sich der international geprägten, abstrakten Kunst, später dann auch den weiteren aufkommenden Kunsttendenzen. Das Festhalten an der gegenständlichen Arbeitsweise kann auf mehrere Gegebenheiten zurückzuführen sein:

---

331 Vgl. Zeitzeugenbericht von Kuebart 2011.

332 Bittner-Simmet war sogar selbst der Meinung, »daß es an der Zeit wäre das 20. Jahrhundert kunsthistorisch aufzuarbeiten. Man würde auf eine große Zahl beachtenswerter Künstlerpersönlichkeiten stoßen.« Bittner-Simmet anlässlich ihrer Rede im Kulturpolitischen Kongreß in Ingolstadt am 23./24. April 1986. (Abschrift Symposium; Kontext/6; MBS-Archiv)

ihre Ausbildung in der NS-Zeit, der schlichte Mangel an Fähigkeit bzw. Willen, die Malweise radikal zu ändern, das Bewahren von Bekanntem als Methode des Verkraftens nach dem Zusammenbruch Deutschlands zum Ende des Zweiten Weltkrieges, ihre schwierige ökonomische Situation aufgrund stark beschränkter Auftragslage in der Nachkriegszeit wie auch durch die fehlende finanzielle Absicherung sowie später die reduzierte Käuferschaft, die sich weiterhin für gegenständliche Malerei interessierte.

Im beruflichen Feld nahm sie verschiedene Rollen ein: als Malerin, Vermittlerin, Journalistin, Kuratorin und Verkäuferin – sie war ihre eigene Managerin. Um den eigenen Standpunkt in der Öffentlichkeit zu vertreten, suchte Bittner-Simmet immer wieder neue Wege und konnte dabei auf das durch ihr strategisches Agieren aufgebaute Netzwerk zurückgreifen. Die kulturpolitische Partizipation von Bittner-Simmet ist zu sehen im Rahmen der aufkommenden Sozialisierung der Kunst in den 70er-Jahren, als sich der Anspruch der Künstler in der BRD ausdehnte, ihre Kunst nicht nur einem breiteren Publikum zu zeigen, sondern mit oder im Rahmen der Politik wirksam zu sein[333]. Bittner-Simmet traf mit ihrer Kunst keine politische Aussage, wie etwa Beuys, dessen Kunst auf gesellschaftliche Veränderung ausgerichtet war, sie wirkte jedoch mit ihrem kunst- und kulturpolitischen Engagement gestaltend auf die Lebens- und Arbeitssituation von KünstlerInnen.

Die Künstlerin brachte durch ihr Verhalten nicht nur ihre Kunst, sondern auch die Kunstdiskussion in die Münchner Gesellschaft, sei es durch die aktive Teilnahme am gesellschaftlichen Leben, durch die Präsenz im Ausstellungswesen als auch durch ihr Einbringen im kulturpolitischen Diskurs.

Ihr Erfolg ist nicht an ihrem Beitrag für eine Innovation des Kunstschaffens abzulesen, sondern an der Vorgehensweise für das berufliche Überleben unter den vorgegebenen Bedingungen und an der Vielzahl verkaufter Werke. In ihren Kreisen gelangte sie durch ihren unermüdlichen Einsatz in den unterschiedlichen Bereichen durchaus zu Anerkennung, was die Eröffnungsrede Zehetmairs bei der Vernissage am 24.10.1987 im Erdinger Heimatmuseum bestätigt:

---

333 Damus 1995, S. 270.

»Die Energie und das zupackende Tätigsein der Nachkriegszeit, um zu überleben notwendige Eigenschaften, sind bestimmend für Frau Bittner-Simmet geblieben, so kenne ich sie aus ihrer Mitarbeit bei kulturpolitischen Themen, so bei neu anzugehenden Arbeiten, bei neuen Lebensabschnitten. [...] *Frau Bittner-Simmet hat sich mit diesen Erscheinungen, mit den neuen Formen auseinandergesetzt, hat in dieser Auseinandersetzung für sich an Format gewonnen, aber auch die Entscheidung getroffen, daß sie zu diesen Aussageformen der darstellen Kunst in ihrer Malerei kein Verhältnis herstellen kann.* [...] *Konsequent ist diese Haltung deshalb, weil sie keinen Kompromiß eingeht mit modernistischen Tendenzen, um sich dadurch dem Zeitgeschmack anzupassen oder im Sinne der Aktualität korrumpieren zu lassen.«*[334]

Auch Schosser würdigte ihr Durchsetzungsvermögen als Frau:

»Sie gehören ja zu den wenigen Ihres Geschlechts, die es fertiggebracht haben, sich durchzusetzen, durchzusetzen ohne sich modischen Strömungen anzupassen.«[335]

Für die Sichtbarmachung der Präsenz gegenständlicher Malerei in damaliger Zeit sorgte Bittner-Simmet durch die Publikation ihrer Bildbände[336] und setzte ein weiteres Zeichen mit dem Vorhaben einer Stiftungsgründung.

»[...] *möchte ich mangels eigener Nachkommen meinen Kunstbesitz, ein Haus und einen Garten am Englischen Garten in eine museale Stiftung umwandeln, die nicht nur das Beste von mir selbst, sondern auch die gegenständliche Malerei dieses Jahrhunderts zeigen soll. Diese Bilder einer verlorenen Generation sollen Zeugnis ablegen davon, daß es*

334 Eröffnungsrede (Werk/4; MBS-Archiv)

335 Einführende Worte bei Vernissage zu »Magda Bittner-Simmet Gemälde und Graphik«, Bankhaus Reuschel & Co. München, 1978, vgl. Anm. 227 (Werk/4; MBS-Archiv)

336 »Der einzelne freiberufliche Künstler kann sich heute im Strom der billigen Sensationen die eigene Persönlichkeit nur mehr im Alleingang bewahren. Daher auch mein Buch als Darstellung, daß es auch auf der Tradition fußende durchaus moderne zeitgenössische Malerei gibt.« Bittner-Simmet an Strauß am 07.10.1986 (Korrespondenz; Magda/3; MBS-Archiv)

in unserer Zeit abseits von der Vermarktung des Zeitgeistes auch unabhängige gute gegenständliche Malerei gibt.«[337]

Sie war wohl darauf bedacht, auch der Nachwelt diese Facette von Kunst zu überliefern und öffentliche Aufmerksamkeit für die gegenständliche Kunst auch für die Zukunft zu sichern.

Bittner-Simmet war künstlerisch traditionell und sozial avantgardistisch. Mehr als ihr Werk ist aus kunsthistorischer Sicht ihr Netz-Werk von Bedeutung. Dies zeigt wiederum, dass die Geschichte der Kunst ohne Soziologie nicht auskommt. Zu ihrer Zeit wurde Bittner-Simmet in ihren Kreisen wahrgenommen und nahm einen gewissen Stellenwert im Kunstmarkt ein, dies endete jedoch mit ihrem Tod.

Um die Soziologie der Kunstgeschichte ein Stück weiter zu vervollständigen und dem entgegenzuwirken, dass Bittner-Simmet, stellvertretend für gegenständlich arbeitende Künstler ihrer Generation, in Vergessenheit gerät, erscheint ihre Erwähnung aus heutiger Sicht angebracht und notwendig.

Es sei an dieser Stelle darauf verwiesen, dass diese Arbeit die erste umfangreiche wissenschaftliche Auseinandersetzung mit der Künstlerin darstellt. Für die Recherche konnten nicht alle relevanten Primärquellen verwendet werden. Hier ist noch viel Material bzw. Potenzial für eine tiefer gehende Erforschung, weshalb diese Arbeit durchaus zu einer weiteren Grundlagenforschung und -sicherung über das Leben und Werk Bittner-Simmets anregen soll.

Offene Themen blieben beispielsweise Beobachtungen zur Marktentwicklung anhand der Preisentwicklung ihrer Arbeiten sowie die Auswirkung einzelner Ausstellungen auf ihren Verkaufserfolg. Im Bereich »Public Relations« wäre ein Vergleich zwischen den zumeist von Bittner-Simmet selbst vorverfassten Presseberichten mit den tatsächlich publizierten Artikeln von Interesse.

Zu klären wäre auch ihre Teilnahme an GEDOK-Gruppenausstellungen in Istanbul, Zürich und Bern in den 50-/60er-Jahren sowie der Nachweis über Bittner-Simmets Arbeitstätigkeit außerhalb der Kunstproduktion zur Verbesserung ihrer wirtschaftlichen Situation. In die

337 Bittner-Simmet am 28.08.1998 an Dieter Soltmann (Ehrenpräsident der IHK von München und Oberbayern) (Korrespondenz; Magda/3; MBS-Archiv)

weitere Forschung könnten zukünftig in vergleichender Perspektive auch andere künstlerische Positionen aus den künstlerischen Netzwerken, in denen sie agierte, mit einbezogen werden.

Das Herausgreifen der genannten Desiderate soll hier in aller Kürze einen Eindruck von möglichen Anknüpfungspunkten für weitere Forschungen vermitteln. Die vielschichtige inhaltliche Orientierung der hier vorliegenden Schrift will eine interdisziplinäre Auseinandersetzung um die Künstlerin Magda Bittner-Simmet eröffnen, die wesentlich über eine kunsthistorische Einordnung hinausreicht. Diese Vorgehensweise ist nicht zuletzt ihrem persönlichen Agieren geschuldet, war sie selbst doch nicht nur Malerin und Künstlerin, sondern auch Geschäftsfrau, Gastgeberin, Politikerin, Autorin, Journalistin, ja eine Lebenskünstlerin.

ANHANG

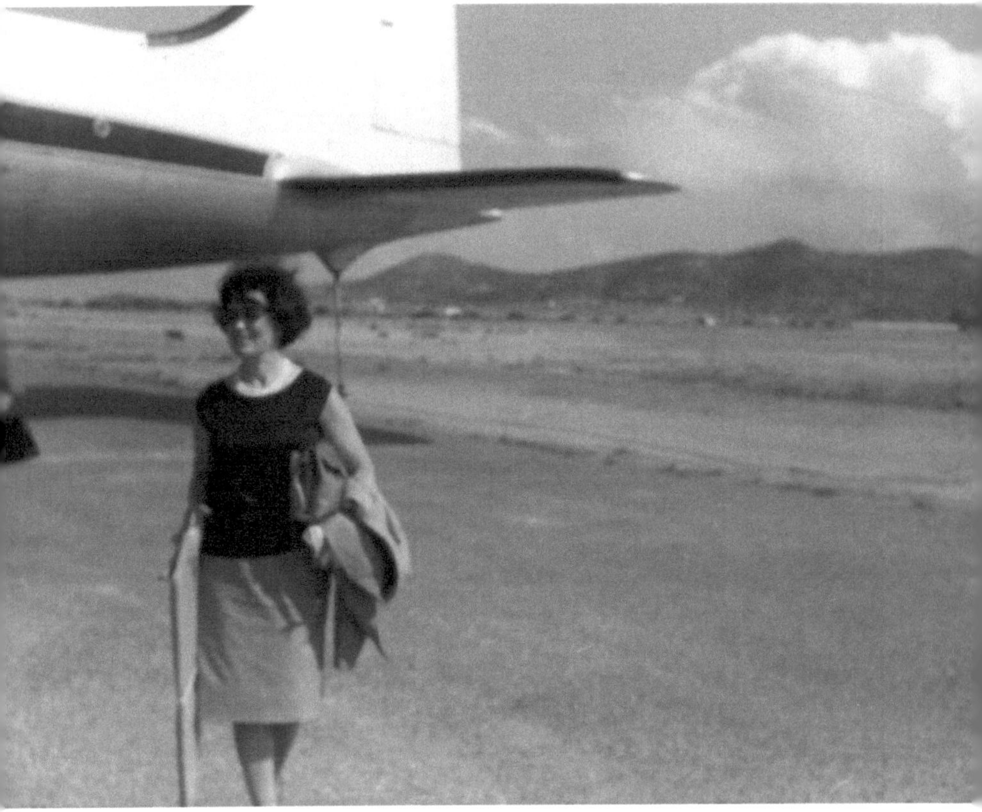

Quellen- und Literaturverzeichnis

Primärquellen

Alle hier angeführten ungedruckten und gedruckten Quellen stammen aus dem Archiv der Magda Bittner-Simmet Stiftung (MBS-Archiv). Die Wortlaute aller Originaldokumente wurden unverändert übernommen und daher orthografisch nicht berichtigt.

Ungedruckte Quellen

Diese umfassen die Korrespondenz, Gästebücher, Mitgliedsausweise, Eröffnungsreden für Vernissagen und sonstige Textentwürfe für Pressemitteilungen oder Publikationen. Die jeweiligen Fundstellen im MBS-Archiv sind in den Fußnoten vermerkt.

Gedruckte Quellen

Diese umfassen kulturpolitische Manifeste sowie Zusammenfassungen von kulturpolitischen Symposien oder Tagungen, Ausstellungsbestimmungen, Aufnahmebedingungen für Vereine sowie dazugehörige Unterlagen, Einladungen und Begleitprogramme zu Ausstellungen, Veranstaltungen und Vorträgen. Die jeweiligen Fundstellen im MBS-Archiv sind in den Fußnoten vermerkt.

Literatur

Eichler 1960
Richard W. Eichler: Künstler, Könner, Scharlatane, München 1960.
Kat. München 1955
Grosse Kunstausstellung München 1955, Haus der Kunst, München 1955.
Kat. München 1959
Grosse Kunstausstellung München 1959, Haus der Kunst, München 1959.
Kat. München 1960
Grosse Kunstausstellung München 1960, Haus der Kunst, München 1960.
Kat. München 1961
Grosse Kunstausstellung München 1961, Haus der Kunst, München 1961.

Kat. München 1967
Große Kunstausstellung München 1967, Haus der Kunst, München 1967.

Zeitungen und Zeitschriften

Bezüglich Titel und Autor der Beiträge wird auf die Anmerkungen in den Fußnoten verwiesen.

ABENDZEITUNG
17./18.11.1979; 28.01.1980; 25./26.01.1986
CONTRAST
November 1981
DEUTSCHES ÄRZTEBLATT
H. 50, 1972
DONAU-KURIER
H. 179, 05.08.1974
FRAUENWELT
H. 3, 1960
MONATSSCHRIFT DES BBK München und Oberbayern
H. 2, 1980
MÜNCHNER MERKUR
Nr. 290, 1979
MÜNCHNER STADTANZEIGER
Nr. 40/41, 22.05.1970
SÜDDEUTSCHE ZEITUNG
15.11.1947; 26./27.01.1980
VON ATELIER ZU ATELIER. MITTEILUNGSBLATT DER BILDENDEN KÜNSTLER
H. 5, 1953

Berichte von Zeitzeugen

Gespräch mit Marit Gubalke am 10.06.2013, geführt von Christiane von Nordenskjöld
Gespräch mit Prof. Dr. Reinhold Kreile am 12.12.2014, geführt von Iris Nocker
Gespräch mit Dr. Gerhard Kuebart am 18.11.2011, geführt von Christiane von Nordenskjöld
Gespräch mit Dr. Michael Meuer am 12.01.2015, geführt von Iris Nocker

Sekundärliteratur

Verwendete und weiterführende Literatur

Bäthe 1965
Kristian Bäthe: Wer wohnte wo in Schwabing?, München 1965.

Bätschmann 1997
Oskar Bätschmann: Ausstellungskünstler. Kult und Karriere im modernen Kunstsystem, Köln 1997.

Berger 1982
Renate Berger: Künstlerinnen auf dem Weg ins 20. Jahrhundert. Kunstgeschichte als Sozialgeschichte, Köln 1982.

Beer 2012
Usa Beer: Zwischen Avantgarde und Auftrag. Bildende KünstlerInnen und ihre Kompetenzen als gesellschaftliches Potenzial (=Studien zur Kulturpolitik 14), Frankfurt am Main 2012.

Beyme von 2005
Klaus von Beyme: Das Zeitalter der Avantgarden. Kunst und Gesellschaft 1905–1955, München 2005.

Beyme von 2012
Klaus von Beyme: Kulturpolitik in Deutschland. Von der Staatsförderung zur Kreativwirtschaft, Wiesbaden 2012.

Bismarck von 2010
Beatrice von Bismarck: Auftritt als Künstler – Funktionen eines Mythos (=Kunstwissenschaftliche Bibliothek, Bd. 39), Köln 2010.

Bittner-Simmet 1986
Magda Bittner-Simmet: Fest der Farbe. Gemälde, Aquarelle, Zeichnungen 1948–1984, Bd. 1, München 1986.

Bittner-Simmet 1993
Magda Bittner-Simmet: Fest der Farbe. Aquarelle, Zeichnungen, Skizzen 1939–1992, Bd. 2, München 1993.

Borger / Mai / Waetzold 1991
Hugo Borger / Ekkehard Mai / Stephan Waetzold: '45 und die Folgen. Kunstgeschichten eines Wiederbeginns, Köln-Weimar-Wien 1991.

Bourdieu 2011
Pierre Bourdieu: Kunst und Kultur. Kunst und künstlerisches Feld (=Schriften zur Kultursoziologie 4, Bd. 12.2), hg. v. Franz Schultheis / Stephan Egger, Frankfurt am Main 2011.

Brauer 2010
Gernot Brauer: München Schwabing. Ein Zustand, München 2010.

Damus 1995
Martin Damus: Kunst in der BRD. 1945–1990. Funktionen der Kunst in einer demokratisch verfaßten Gesellschaft, Reinbeck bei Hamburg 1995.
Dogramaci/Wimmer 2011
Burcu Dogramaci/Karin Wimmer (Hg.): Netzwerke des Exils. Künstlerische Verflechtungen, Austausch und Patronage nach 1933 (=erweiterte Publikation zur Tagung »Netzwerke des Exils ...« des Instituts für Kunstgeschichte der Ludwig-Maximilians-Universität München [12.–14. November 2010] am Center für Advanced Studies), Berlin 2011.
Doll 2006
Nikola Doll u.a.: Kunstgeschichte nach 1945. Kontinuität und Neubeginn in Deutschland, Köln-Weimar-Wien 2006.
Dollen von der 2000
Ingrid von der Dollen: Malerinnen im 20. Jahrhundert – Bildkunst der »verschollenen Generation«, München 2000.
Dollinger 2001
Hans Dollinger: München im 20. Jahrhundert. Eine Chronik der Stadt von 1900–2000, München 2001.
Dombart 1967
Theodor Dombart: Schwabing. Münchens älteste und schönste Tochter, München 1967.
Doms 2004
Annette Doms: Neue Wege. Über die Situation und Rezeption moderner Malerei in der Münchner Nachkriegszeit, Diss. LMU München 2004.
Friedel 1989
Helmut Friedel: »Einige Schwierigkeiten der schönen Künste«, in: Hilmar Hoffmann/Rupert Walser (Hg.): ohne Auftrag. Zur Geschichte des Kunsthandels, Bd. 1, München 1989, S. 166–185.
Friedel/Schirmer 2013
Helmut Friedel/Lothar Schirmer (Hg.): Joseph Beuys im Lenbachhaus und Schenkung Lothar Schirmer, München 2013.
Gebhardt 1994
Heinz Gebhardt (Hg.): München. Das waren die Fünfziger. Fotografiert von Rudi Dix, München-Berlin 1994.
Gliewe 1988
Gert Gliewe: Kunst in München, Köln 1988.

Grinten van der 1980
Franz Joseph van der Grinten: Joseph Beuys: Zeige deine Wunde, in: kunst und kirche, 2, 1980, S. 62–65.
Grosenick 2001
Uta Grosenick: Women Artists. Künstlerinnen im 20. und 21. Jahrhundert, Köln 2001.
Haftmann 1954
Werner Haftmann: Malerei im 20. Jahrhundert, München 1954.
Hecker 2002
Hans-Joachim Hecker: Die Kunststadt München im Nationalsozialismus, in: Richard Bauer/Brigitte Schütz (Hg.): München – »Hauptstadt der Bewegung«. Bayerns Metropole und der Nationalsozialismus, Wolfratshausen 2002, S. 310–316.
Held/Schneider 2007
Jutta Held/Norbert Schneider: Grundzüge der Kunstwissenschaft. Gegenstandsbereiche – Institutionen – Problemfelder, Köln-Weimar-Wien 2007.
Hermand 1986
Jost Hermand: Kultur im Wiederaufbau. Die Bundesrepublik Deutschland 1945–1965, München 1986.
Hollweck 1967
Ludwig Hollweck: Unser München. München im 20. Jahrhundert. Erinnerungen und Berichte, Bilder und Dokumente von 1900 bis heute, München 1967.
Holzheimer/Rebel/Schulz 2008
Gerd Holzheimer/Ernst Rebel/Reinhard Schulz: Habe die Ehre! Ein halbes Jahrhundert Kultur in München. Von der Nachkriegszeit bis in die Gegenwart, München 2008.
Huber 2002
Hans-Dieter Huber: Künstler als Kuratoren – Kuratoren als Künstler?, in: Ders./ Hubert Locher/Karin Schulte (Hg.): Kunst des Ausstellens. Beiträge, Statements, Diskussionen, Ostfildern-Ruit 2002, S. 224–228.
Jansen 2006
Dorothea Jansen: Einführung in die Netzwerkanalyse. Grundlagen, Methoden, Forschungsbeispiele, Opladen [3]2006.
Jessewitsch 2001
Rolf Jessewitsch (Hg.): Expressive Gegenständlichkeit. Schicksale figurativer Malerei und Graphik im 20. Jahrhundert: Werke aus der Sammlung Gerhard Schneider, München 2001.

Kastner 2013
Jens Kastner: Kunstproduktion und soziale Bewegungen, in: Christian Steuerwald (Hg.): Perspektiven der Kunstsoziologie. Praxis, System, Werk, Wiesbaden 2013, S. 129–148.
Kat. Ausst. Olpe 1999
Verfemt – Vergessen – Wiederentdeckt. Kunst expressiver Gegenständlichkeit aus der Sammlung Gerhard Schneider; [...] anläßlich der Ausstellung »Verfemt, vergessen, wiederentdeckt. Kunst expressiver Gegenständlichkeit aus der Sammlung Gerhard Schneider«, Kunstverein Südsauerland, Olpe (4.7.–8.8.1999 / 23.7.–20.8.2000) ...], Köln-Wienand 1999.
Kat. Ausst. München 2014
Ab nach München! Künstlerinnen um 1900, Münchner Stadtmuseum, München 2014.
Kiessling 1982
Hans Kiessling: Maler der Münchner Kunstszene 1955–1982, St. Ottilien 1982.
Krauss 1985
Marita Krauss: Nachkriegskultur in München. Münchner städtische Kulturpolitik 1945–1954, München 1985.
Lange 2003
Barbara Lange: Schwierigkeiten mit der Liebe zur zeitgenössischen Kunst: Der Streit um die Installation von Joseph Beuys ›zeige deine Wunde‹, in: Christian Drude / Hubertus Kohle (Hg.): 200 Jahre Kunstgeschichte in München. Positionen, Perspektiven, Polemik 1780–1980, München 2003, S. 239–248.
Ludwig 1997
Horst G. Ludwig: Vom Blauen Reiter zu Frisch gestrichen. Malerei in München im 20. Jahrhundert, München 1997.
Muysers 1999
Carola Muysers: Die Bildende Künstlerin. Wertung und Wandel in Deutschen Quellentexten 1855–1945, Amsterdam-Dresden 1999.
Nordenskjöld von 2011
Christiane von Nordenskjöld: Magda Bittner-Simmet. Eine Münchner Malerin mit Wurzeln in Erding, in: Historischer Verein Erding e.V.: Jahresschrift, Erding 2011, S. 91–110.
Prescher 2006
Hans Prescher: Künste im Aufbruch. München in den 50er Jahren, München 2006.

Prinz 1984
Friedrich Prinz (Hg.): Trümmerzeit in München. Kultur und Gesellschaft einer deutschen Großstadt im Aufbruch, München 1984

Reißer/Wolf 2003
Ulrich Reißer/Norbert Wolf: 20. Jahrhundert II (=Kunst-Epochen 12), Stuttgart 2003.

Roters 1988
Eberhard Roters: Stationen der Moderne. Kataloge epochaler Kunstausstellungen in Deutschland 1910–1962, Köln 1988.

Ruppert 1998
Ruppert Wolfgang: Der moderne Künstler. Zur Sozial- und Kulturgeschichte der kreativen Individualität in der kulturellen Moderne im 19. und frühen 20. Jahrhundert, Frankfurt am Main 1998.

Ruppert/Fuhrmeister 2007
Ruppert Wolfgang/Christian Fuhrmeister (Hg.): Zwischen Deutscher Kunst und internationaler Modernität. Formen der Künstlerausbildung 1918 bis 1968, Bonn 2007.

Schmirber/Mai 1994
Gisela Schmirber/Ekkehard Mai (Hg.): Kunst und Manipulation – Die Moderne zwischen Markt und Meinung – (=Berichte und Studien der Hanns-Seidel-Stiftung e.V., Reihe Kulturpolitik 68), München 1994.

Schuster 1999/2000
Klaus-Peter Schuster: Das XX. Jahrhundert. Ein Jahrhundert Kunst in Deutschland, Berlin 1999/2000.

Smudits 2014
Alfred Smudits: Kunstsoziologie. Lehr- und Handbücher der Soziologie, München 2014.

Städtische Galerie im Lenbachhaus 1980
Städtische Galerie im Lenbachhaus: Joseph Beuys: zeige deine Wunde, Bd. 1, München 1980.

Städtische Galerie im Lenbachhaus 1980
Städtische Galerie im Lenbachhaus: Joseph Beuys: zeige deine Wunde. Reaktionen, Bd. 2, München 1980.

Stankiewitz 2013
Karl Stankiewitz: Die befreite Muse. Münchner Kunstszenen ab 1945, München 2013.

Staudenmaier 1969
Otto Staudenmaier: Gegenständlichkeit und Abstraktion in der Bildenden Kunst, Wuppertal 1969.

Thomas 1985
Karin Thomas: Zweimal deutsche Kunst nach 1945. 40 Jahre Nähe und Ferne, Köln 1985.
Thomas 2002
Karin Thomas: Kunst in Deutschland seit 1945, Köln 2002.
Vogel 1958
Hanns Vogel (Hg.): Schwabing, vom Dorf zur Künstlerfreistatt. Mosaik eines Münchner Stadtteils zum 800. Geburtstag Münchens, München 1958.
Voit 2014
Antonia Voit (Hg.): Ab nach München! Künstlerinnen um 1900. Katalog zur Ausstellung im Münchner Stadtmuseum, München 2014.
Ziegler 2005
Ulrike Ziegler: Kulturpolitik im geteilten Deutschland: Kunstausstellungen und Kunstvermittlung von 1945 bis zum Anfang der 60er Jahre, Frankfurt am Main 2005.
Zimmermann 2006
Anja Zimmermann: Kunstgeschichte und Gender. Eine Einführung, Berlin 2006.
Zimmermann 1980
Rainer Zimmermann: Die Kunst der verschollenen Generation. Deutsche Malerei des Expressiven Realismus von 1925–1975, Düsseldorf-Wien 1980.
Zimmermann 1994
Rainer Zimmermann: Expressiver Realismus. Malerei der verschollenen Generation, München 1994.

Bildnachweis

Die abgebildeten Kunstwerke befinden sich – soweit nicht anders angegeben – im Besitz der Magda Bittner-Simmet Stiftung. Sämtliche Fotos stammen aus dem Bildarchiv der Magda Bittner-Simmet Stiftung.
Trotz intensiver Bemühungen konnten möglicherweise nicht alle Rechteinhaber der im Buch verwendeten Abbildungen ermittelt werden. Wir bitten diese, sich an den Verlag zu wenden.

1 Selbstbildnis mit roter Jacke, 1960, Öl auf Leinwand, 73 x 60 cm
2 Im Atelier in der Schwedenstraße 54, Fotografie, 1973
3 Im ersten Atelier in der Leopoldstraße 38a beim Malen des Porträts Brigitte Ehard, Fotografie, 1948
4 Bei der Plein Air Malerei an der Staffelei auf dem Kornfeld, Fotografie o.D., o.O.
5 Bei der Ausbildung mit Modell an der Kunstakademie München, Fotografie, 1930er-Jahre
6 Dr. Max Bittner und Magda Bittner-Simmet (gemalt nach der Erinnerung), 1948, Öl auf Holz, 60 x 48 cm
7 Vogelbeeren, 1946, Aquarell, 35 x 33,5 cm
8 Beim Entwurf für das Porträt des Abtes Jakobus Pfättisch von Plankstetten, 1948
9 Abt Jakobus Pfättisch von Plankstetten, 1948, Öl auf Holz, 135 x 90 cm, Benediktinerabtei Plankstetten
10 Selbstbildnis im Freien, 1949, Öl auf Karton, 51 x 40 cm
11 Junge Italienerin, 1956, Öl auf Leinwand, 73 x 60 cm
12 Tegernsee mit Hirschberg, 1949, Aquarell, 30 x 40 cm
13 Fischerboote mit aufgespannten Netzen, 1954, Aquarell auf Papier, 42 x 56 cm
14 Anton Lamprecht, Rotes Segel mit blauem Fenster, 1953, Öl auf Leinwand, 65 x 85 cm, Abb. aus: Barbara Emde (Hg.): Anton Lamprecht, Augsburg 1991, Nr. 26
15 Oskar Coester, Apfeltraum, 1925, Öl auf Leinwand, 33 x 41 cm, Abb. aus: Hans Kiessling, 1982, S. 63
16 Hedwig von Branca, Selbstporträt, 1969, Öl auf Leinwand, 80 x 60 cm, Abb. aus: Hans Kiessling, 1982, S. 46
17 Ilse Vogel, 1960, Öl auf Leinwand, 85 x 70 cm
18 GEDOK – Ausstellung Rom, Galleria d'Arte del Palazzo delle Espozioni, Fotografie 1961
19 Mit Ministerpräsident Dr. Franz Joseph Strauß in der Münchner Residenz bei einer Künstlerbegegnung 1980er-Jahre
20 Beim Künstlerfasching des Seerosenkreises unter dem Motto »Kaisers Geburtstag« in der Seerose, Fotografie, 1962
21 Beim Künstlerfasching in ihrem Schwabinger Atelier in der Leopoldstraße 38a, Fotografie, o.D.

22 Veranstaltung in ihrem Atelier in der Schwedenstraße 54, mit OB Hans Joachim Vogel und seiner zweiten Ehefrau, Fotografie, 1982

23 Mit Oskar Maria Graf am Stammtisch des Seerosenkreises, Fotografie, 1960

24 Oskar Maria Graf, 1960, Öl auf Leinwand, 61 x 50 cm, Städtische Galerie im Lenbachhaus München

25 Umschlag Gästebuch anlässlich der Ausstellung im Alten Botanischen Garten München, 1963

26 Verleihung der Pygmalion-Medaille der Kunststiftung der Deutschen Wirtschaft durch Regierungspräsident von Oberbayern, Dr. Adam Deinlein im Münchner Künstlerhaus, Fotografie, 1979

27 Mit dem Generaldirektor der Bayerischen Staatsgemäldesammlungen Prof. Dr. Reinhold Baumstark, Fotografie, o.D.

28 Landesbischof Hanns Lilje, 1973, Öl auf Leinwand, 105 x 85 cm, Provinzial Lebensversicherung Hannover

29 Porträtstudie Kulturreferent Hans Ludwig Held, 1950, Kohle auf Papier, 46 x 37 cm

30 Stadtkämmerer Erwin Hielscher bei der Porträtsitzung in der Leopoldstraße 38a, 1960

31 Landtagspräsident Rudolf Hanauer bei der Porträtsitzung in der Schwedenstraße 54, 1979

32 Clemens Pabelick, 1958, Öl auf Holz, 58 x 54 cm

33 Robert Wehgartner, 1972, Öl auf Leinwand, 85 x 70 cm, Bayerische Versicherungskammer

34 Wilhelm Hoegner, 1953, Öl auf Holz, 67 x 51 cm, Bayerisches Innenministerium

35 Adam Deinlein, 1964, Öl auf Leinwand, 85 x 70 cm

36 Landtagspräsident Rudolf Hanauer, 1979, Öl auf Leinwand, 100x85 cm, Bayerischer Landtag

37 Gerhart-Hauptmann-Biograph und Schriftsteller Dr. Carl F. W. Behl, 1964, Öl auf Holz, 73 x 60 cm

38 Sabine Kling, 1970, Öl auf Holz, 65 x 53 cm, Privatbesitz

39 Kind mit Indianerhut, Monika Lauterbach, 1971, Öl auf Holz, 46 x 42 cm, Privatbesitz

40 Faschingserinnerung (Ellen Schuster-Böckler), 1951, Öl auf Karton, 75 x 52 cm

41 Italienische Geschwister, 1955, Öl auf Leinwand, 65 x 54 cm

42 Sommer im Altmühltal, 1957, Aquarell, 42 x 56 cm, Bayerisches Innenministerium

43 Frauen im Getreidefeld, 1957, Öl auf Leinwand, 60 x 80 cm, Bayerische Landesbank Girozentrale

44 Monte Pertuso, 1960, Öl auf Leinwand, 70 x 93 cm, Regierung von Oberbayern

45 San Gimignano, 1962, Öl auf Leinwand, 70 x 93 cm, Regierung von Oberbayern

46 Abendleuchten um den Campanile, 1966, Öl auf Leinwand, 68 x 90 cm, Regierung von Oberbayern

47 St. Angelo, 1975, Aquarell, 42 x 56 cm, Erzbischöfliches Ordinariat München

48 Forio – Kleiner Strand, 1969, Aquarell, 42 x 56 cm, Städtische Galerie im Lenbachhaus München

49 Forio mit Torre, 1969, Aquarell, 42 x 56 cm, Städtische Galerie im Lenbachhaus München

50 In der Hochsteiermark, 1982, Aquarell, 42 x 56 cm, Bayerische Versicherungskammer

51 Vorfrühling am Grüntensee, 1971, Aquarell, 42 x 56 cm, Städtische Galerie im Lenbachhaus München

52 Heuernte im Oberstdorfer Tal, 1966, Öl auf Leinwand, 54 x 72 cm, Bayerische Staatsgemäldesammlungen

53 Grüner Markt in Erding, 1964, Öl auf Leinwand, 60 x 80 cm, VR Bank Erding

54 Eröffnung GEDOK – Ausstellung Rom, Galleria d'Arte del Palazzo delle Espozioni, Fotografie, 1961

55 Ausstellungseröffnung in Goslar mit Oberbürgermeister Dr. Degenhardt und Brauereidirektor Karl-Ernst Lenz, Fotografie, 1971

56 Plakatentwurf für die Ausstellung im Museum Goslar, 1971

57 Mit Museumsdirektor Prof. Carlo D'Aloisio da Vasto und Deutschem Botschafter Dr. Erich Klaiber bei der GEDOK-Ausstellung in Rom, Galleria d'Arte del Palazzo delle Espozioni, Fotografie, 1961

58 o.T. (Georges Boueil), 1969, Öl auf Leinwand, 65 x 54 cm, Verbleib unbekannt

59 Verleihung des Bundesverdienstkreuzes durch den Stellv. Ministerpräsidenten Dr. Hans Zehetmair, Fotografie, 1989

60 o.T. (Magnolien), 1995, Öl auf Leinwand, 70 x 90 cm

61 Blick in Nachbars Garten, 1979, Öl auf Leinwand, 52 x 68 cm
62 Anzeige in CONTRAST, November 1981
63 Im Atelier Leopoldstraße 38a mit Porträt Dr. Carl F. W. Behl, Fotografie o.D.
64 Auf der Landebahn am Flughafen Ibiza, Fotografie, 1965
65 CSU-Künstlerbegegnung im Max Joseph Saal der Residenz München, Fotografie, 1996

Personenregister

DANK

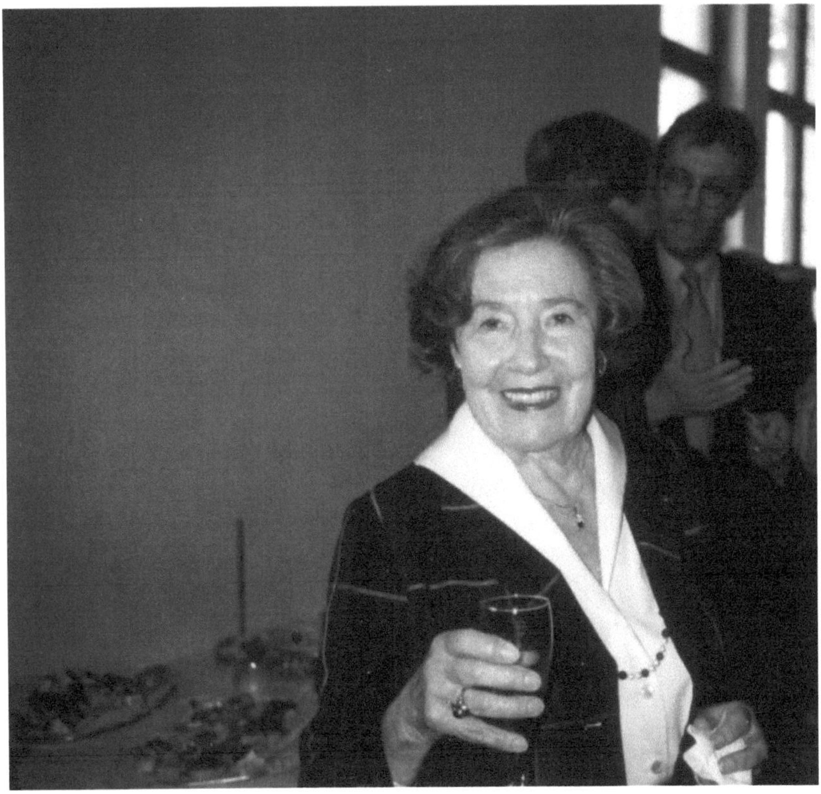

Dank

Mein Dank gilt Prof. Dr. Burcu Dogramaci, Christiane von Nordenskjöld M.A., Verena Walterspiel M.A., Dr. Daniel Rittenauer, Prof. Dr. Reinhold Kreile, Dr. Michael Meuer, Jutta Radomski M.A. und meiner Familie.

Iris Nocker

Die Magda Bittner-Simmet Stiftung dankt allen Beteiligten für das Zustandekommen dieser wissenschaftlichen Grundlagenarbeit über Magda Bittner-Simmet:

Die Kooperation mit der Ludwig-Maximilians-Universität München verdanken wir Frau von Egloffstein und Frau Dr. Kopp-Schmidt, die sich für die Ausschreibung eines Stipendiums am Institut für Kunstgeschichte eingesetzt haben. Frau Prof. Dr. Dogramaci danken wir für die intensive Betreuung der Stipendiatin Iris Nocker bei der Verfertigung der Masterarbeit.

Dem Stiftungsrat Dr. Neumann danken wir für die kontinuierliche Begleitung des Projekts mit seiner konstruktiven Kritik. Christiane von Nordenskjöld hat als Kustodin der Magda Bittner-Simmet Stiftung mit ihrer Sach- und Fachkenntnis die Recherchearbeiten im Archiv der Magda Bittner-Simmet Stiftung begleitet und mit vielen weiterführenden Hinweisen unterstützt. Ingrid Pérez de Laborda danken wir für ihre Hilfe bei Recherchen, insbesondere in Depot und Fotoarchiv.

Vor allem aber danken wir unserer Stipendiatin Iris Nocker für ihr außerordentliches Engagement, mit dem sie sorgfältige Grundlagenarbeit geleistet hat, insbesondere bei ihren umfangreichen Quellenstudien im Nachlass von Magda Bittner-Simmet. Dank ihrer ist das gesamte schriftliche Material nicht nur erstmals erschlossen, sondern steht künftig als systematisiertes Nachlassarchiv für weitere Forschungsarbeiten zur Verfügung.

Es ist selten, dass eine Masterarbeit auch publiziert werden kann. Hier danken wir der Hypo-Kulturstiftung und dem Bezirksausschuss Schwabing der Landeshauptstadt München für die finanzielle Unterstützung. Vor allem aber danken wir Alexander Strathern, dem Leiter des Allitera Verlags, für sein spontanes Interesse an einer Publikation über diese Frauengestalt der Münchner Kulturgeschichte und Dietlind Pedarnig für ihre einfühlsame und engagierte Beratung, insbesondere bei der Gestaltung dieses Buches.

Dank dieser vielfältigen Unterstützung kann die vorliegende Studie über Magda Bittner-Simmet pünktlich zu deren 100. Geburtstag am 16. Oktober 2016 erscheinen.

Verena Walterspiel

MAGDA
BITTNER
SIMMET
stiftung

Die Magda Bittner-Simmet Stiftung wurde 2009 von der Regierung von Oberbayern als rechtsfähige Stiftung des bürgerlichen Rechts staatlich anerkannt. Als Bildgedächtnis der Münchner Kunst- und Zeitgeschichte ist die Stiftung gemeinnützig – Spenden zur Unterstützung der Stiftungsaktivitäten sind steuerlich abzugsfähig.

Die Nachlass-Stiftung bewahrt das Lebenswerk von Magda Bittner-Simmet und erschließt es unter kulturhistorischen Aspekten. Das Ateliermuseum macht in authentischer Atmosphäre Leben und Werk der Münchner Künstlerin erlebbar. Ausstellungen, Publikationen und vielfältige Projekte für alle Altersgruppen halten das kulturelle Erbe für die Öffentlichkeit lebendig. Die Stiftungsprojekte zu verschiedenen Themenschwerpunkten verbinden kulturelles und soziales Engagement.

MAGDA BITTNER-SIMMET STIFTUNG
SCHWEDENSTRASSE 54
80805 MÜNCHEN

INFO@MBS-STIFTUNG.DE
089 – 361 52 95
WWW.MBS-STIFTUNG.DE